26.-

Schalom Ben-Chorin
Begegnungen

Porträts bekannter
und verkannter Zeitgenossen

Herausgegeben von
Verena Lenzen

Bleicher
Verlag

CIP-Titelaufnahme der Deutschen Bibliothek

Ben-Chorin, Schalom:
Begegnungen: Porträts bekannter und verkannter Zeitgenossen / Schalom Ben-Chorin. Hrsg. von Verena Lenzen. – 1. Aufl. – Gerlingen: Bleicher, 1991
ISBN 3-88350-028-3

1. Auflage

Gesamtherstellung: Wilhelm Röck, D-7102 Weinsberg
Umschlag: Buchgestaltung Reichert, D-7014 Kornwestheim
Umschlagfoto: Eberhard Tschepe, D-7140 Ludwigsburg
Porträtfoto: Hans Schafgans, D-5300 Bonn
ISBN 3-88350-028-3

Inhalt

Einleitung

Verena Lenzen:

Schalom Ben-Chorin

»Alles wirkliche Leben ist Begegnung.«
Martin Buber

Begegnung wird zum Schlüsselwort, spricht, schreibt man über Schalom Ben-Chorin. Als Brückenbauer in der Verständigung zwischen Israelis und Deutschen, als integrale Person im christlich-jüdischen Gespräch wurde er immer wieder gewürdigt und mit zahlreichen Ehrungen und Preisen ausgezeichnet. Ben-Chorins Haus mit dem verwunschenen Vorgärtchen im Jerusalemer Stadtteil Romema erlebten viele Besucher als Begegnungsstätte, was nicht allein der »Aureole der Adresse«[1], sondern vornehmlich der Persönlichkeit der beiden Hausbewohner, Avital und Schalom Ben-Chorin, zuzuschreiben ist.
Handelt die Einführung dieses Buches vom Verfasser der nachfolgenden Essays – mit dem journalistischen und freundschaftlichen Kürzel vereinfachend *SBC* genannt –, so reicht es nicht, Avital Ben-Chorin nur zwischen den Zeilen -- en parenthèse – als die gastfreundliche Ehefrau, die charmante Begleiterin auf Vortragsreisen, die kritisch-verständige Partnerin im Leben und Denken dieses Mannes zu erwähnen. Avital besitzt selbst die Aura einer eigenständigen, lebenserfahrenen Persönlichkeit. Bildung, kritischer Verstand und Attraktivität (als innere und äußere Anziehungskraft) schützen sie vor dem absorbierenden ›Schatten der Titanen‹ und befähigen sie, zusammen als »Team« zu leben, was natürlich ebenso Verzicht wie Gewinn miteinschließt. Daß Avital Fackenheim Schalom Ben-Chorin zum ersten Mal bei Martin Bubers Vorlesung »Zwei Glaubensweisen« begegnete, unterstreicht sinnfällig das Motto wie den Gedankengang meines Vorworts.

Ohne in eine altkluge Tonart zu verfallen, vermag ich Bubers Klage nachzuempfinden, daß das Verständnis für das Wesen des echten Gesprächs, der wahren Begegnung heute selten geworden sei. Dabei verunsichert mich vor allem, daß gerade dieses »Heute«, *unsere* gegenwärtige Zeit, vor lauter verbaler Kommunikation, Soziolinguistik, Dialogik und medienbeherrschter Geschwätzigkeit die Zwiesprache mehr und mehr verstummen läßt. Ob dieser Zusammenhang folgewidrig oder folgerichtig wirkt, sei dahingestellt. Wir reden viel und sprechen wenig.

Als ich Schalom Ben-Chorin 1987 zum ersten Mal persönlich in Jerusalem traf, um ein gemeinsames Buchvorhaben zu besprechen, tat ich es mit jenem Maß an vorsichtigem Mißtrauen, das eine junge ambitionierte Theologin und Autorin auf dem Weg vom römisch-rheinischen Patriarchat zu einem ›Meister‹ und Vertreter des Judentums – sofern es sich als ›sakraler Männerbund‹ definiert – natur- und vernunftgemäß begleitet. Aber dieser geistig große, körperlich kleine Mann hatte so gar nichts Gravitätisches, Hochmütig-Hoheitliches, und die gemeinsame Arbeit an der Anthologie *Jüdische Theologie im 20. Jahrhundert*[2], die im Dezember 1988 das Licht der Bücherwelt erblickte, wuchs zu einer – in SBCs Diktion – »Werkgemeinschaft«, die auf vielschichtige Weise dialogisch, ja sogar ›ökumenisch‹ in einem erweiterten Sinn des Wortes war: da begegneten sich zwei Angehörige verschiedenen Geschlechts, unterschiedlicher Generationen, zweier Religionen, entfernter Länder; begegneten sich im vereinten Interesse an der Sache, in der gemeinsamen Sprache, in der »dreimal heiligen Stadt für Juden, Christen und Muslime«, dem »Brennpunkt des interreligiösen Gesprächs«, in Zion, dessen »Gefangener« SBC sich nennt, in Jerusalem, das auch ich – mit seinen Worten – als »eine gefährliche Stadt im Sinne lebenslanger Verzauberung« lieben lernte. Dem ersten Treffen folgten viele Begegnungen in Israel und Deutschland wie die schriftliche Spielart des Gesprächs, welche Ferne in Nähe verwandelt: der Briefwechsel.

Während SBC bei öffentlichen Auftritten als ›Souverän‹ die Sze-

ne ganz und gar *beherrscht* (oft habe ich amüsiert beobachtet, wie er in einer rhetorisch grandiosen ›one-man-show‹ ansonsten selbstbewußte Korreferenten an die Wand spielt), erfährt man im privaten Gespräch seine dialogische Offenheit und Fähigkeit. Da erschafft er, frei »vom Scheinenwollen«, im Austausch mit dem Gesprächspartner die volle Unmittelbarkeit echten Sprechens, die ungeteilte Hinwendung seines Wesens zum andern, da wächst wahre Gegenseitigkeit, da wird *Begegnung* – im Sinne seines Lehrers, des Schöpfers des »dialogischen Prinzips«, Martin Buber.
Schalom Ben-Chorin ist im Gedankenaustausch immer lehrreich, doch nie belehrend, geschweige denn lehrerhaft und akademisch trocken. Wenn er eins nicht kann, dann: jemanden langweilen. Das verdankt er der »Gnade Gottes«: jener guten Portion Humor, die ihn gefühlvoll »die Klippen des Sentimentalen« umschiffen hilft und ihn im Bunde mit der Religiosität – nach einem Wort Bubers – vor Bigotterie einerseits und Zynismus andererseits schützt. Dieser Mensch hat – mit einem *Wort*, das nicht zufällig in unserem Kulturkreis ein Fremdwort bleibt – er hat Esprit.
Ben-Chorin hat aus seiner bewegten Lebensgeschichte viel zu berichten. Er weiß es, mit lebhafter Gestik, klangvoller Stimme und Charme zu erzählen, und er erzählt gern, freilich auf seine »angeborene Weise«. Durch diese, seine »angeborene Weise« des Erzählens begriff ich, was Jakob Wassermann als Unterschied zwischen dem deutschen und dem jüdischen Erzähler hervorhob. Demnach sind die klassischen deutschen Erzählungen sozusagen um ihrer selbst willen erzählt worden, während der jüdische Erzähler die Fabel nur als Vorwand wählt, um eine Idee anschaulich zum Ausdruck zu bringen. Diese »Transparenz der Fabel«[3] haftet auch Ben-Chorins Geschichten an, sie läßt im Zuhörer oder Leser auf narrative und kreative Weise einen Gedanken reifen und steht so der – in unseren Breitengraden verwurzelten – dozierenden Mentalität entgegen, die einen Gedanken analytisch auseinandersetzt und ihn dann rational ausgebildet, sprachlich ausformuliert mitteilt.

Ben-Chorin ist nie auf platte, anekdotische Art unterhaltsam, sondern erinnert daran, daß Witz und Weisheit wesensverwandt sind. Selbst wenn er sich kritisch oder verärgert zeigt, behauptet sich doch immer wieder jene jünglingshafte, lebensbejahende Heiterkeit in all ihren Nuancen, von der Scherzhaftigkeit bis zur Schlitzohrigkeit.
Als wir uns im Frühjahr 1989 wieder in Jerusalem begegneten, beschlossen wir eine Neuauflage unserer »Werkgemeinschaft«, deren Folge und Wirkung nun der Leserschaft überlassen bleibt.
Meine persönliche Auswahl dieser Porträts von mehr oder minder namhaften Zeitgenossen dokumentiert nicht nur meine subjektiven Begegnungen mit jenen Menschen, die mir auf diesen Seiten oft nahe oder fern schienen. Manchmal waren es neue Zugänge zu ›alten Bekannten‹, manchmal freudige Entdeckungen bislang ›Unbekannter‹. Aber der Leser dieser Essays begegnet nicht nur Persönlichkeiten wie Herzl, George, Wiechert, Buber, Brod, Lasker-Schüler und vielen anderen, sondern er wird auch in den Porträts der Modelle das Konterfei des Autors entdecken. Ben-Chorins unverwechselbar markantes Profil zeichnet sich auch im Gedenken an seine geistigen Weggefährten ab, ohne zum narzißtischen Spiegelbild des Urhebers zu geraten. Wiederum bewährt sich das echte Verständnis der Ich-Du-Beziehung.
Der Titel des Buches – *Begegnungen* – zeigt ein drittes Mal seine Berechtigung, wenn die nun gesammelten Schriften einem Leserkreis dargeboten werden. Auch ein Buch ist ein Forum der Begegnung. Zwei mir vertraute Schriftsteller haben dies einmal auf so eindrückliche Weise formuliert, daß ich ihnen hier das Wort geben möchte, all jenen zum Trotze, die Bibliotheken für Altpapier-Archive und Bücherschreiber für weltfremde Elfenbeinturmexistenzen halten. »Bücher«, notierte der italienische Schriftsteller Cesare Pavese, »sind keine Menschen, sie sind Mittel, um zu den Menschen zu gelangen.«[4] Und ein anderer – Jean Améry – drückte es sinnverwandt aus: »Der lebenslange Umgang mit Büchern (...) ist wesentlich ein Umgang mit Men-

schen.«[5] Der Leser dieses Buches begegnet Menschen, die nicht nur Schalom Ben-Chorins Lebensweg von seiner Geburtsstadt München zu seinem Wohnort Jerusalem prägten, sondern auch die wechselvolle Geschichte unseres Jahrhunderts erlebten und in großem oder kleinem Maßstab formten.

Im Zeichen Zions stand die geistige Auseinandersetzung des jungen Fritz Rosenthal (wie SBC damals noch hieß) mit dem Wegbereiter des politischen Zionismus, Theodor Herzl, und dem Verfechter eines revisionistischen Zionismus, Vladimir Jabotinsky. Diese beiden modernen Moses-Gestalten des klassischen Zionismus wiesen dem Sohn aus jüdisch-assimilierten Elternhaus, dem »Kompaß seines Herzens« folgend, den Weg nach »Gott-Osten«, wie die Dichterin Else Lasker-Schüler es formulierte. 1935 verläßt der junge Mann die Heimat seiner Vorfahren, um in die Heimat seiner biblischen Ahnen einzuwandern.

»Ich will das betonen«, schreibt Ben-Chorin in seiner Autobiographie *Jugend an der Isar,* »denn nicht nur Schrecken und Abscheu, Furcht und Grauen erfüllten mich, sondern zugleich auch ein Abschiednehmen von mancherlei Glück (...) Das ist es, was uns von Juden anderer Länder unterschied und unterscheidet: Unser Verhältnis zu Deutschland und seinem Volk blieb ein ambivalentes. Wir haben dort nicht nur Leid, sondern auch Glück empfangen, vor allem aber die unverwesliche Gabe der Sprache, aus der es keine Auswanderung gibt.

Ein Land kann man verlassen, mit dem Volk die Beziehungen abbrechen, aber die Sprache ist so sehr Teil unserer eigenen Existenz, daß es hier keine Trennung geben kann. Und das Glück der Sprache, das uns in ihren schönsten Dichtungen erblüht, kann durch kein Leid vernichtet werden.

Aus der Sprache bin ich nie ausgewandert, und ich schreibe auch heute diese Erinnerungen in der Sprache, die mir nicht welkte. Sie blieb grün an des Lebens goldnem Baum, unveräußerlicher Wesenskern einer Bemühung, die sich immer und immer wieder nur in dieser Sprache verleiblichen konnte.«[6]

Aus dem faschistischen Deutschland wanderte Ben-Chorin vor

mehr als fünfzig Jahren aus, doch nicht aus der geliebten und vertrauten Sprache. *Im Bannkreis der Sprache* stehen auch SBCs Bekenntnisse zu den literarischen »Fixsternen seiner Jugend«, die seinem langen künstlerischen Schaffen leuchteten und ihren Glanz bis heute für ihn nicht verloren. Dem »Zauberer des Wortes«, Thomas Mann, war er so verfallen, daß er noch heute seitenlange Passagen aus dessen Werk auswendig zu deklamieren weiß. Dem weithin vergessenen Ernst Wiechert hat er als stilistischem Vorbild und jener stillen, sittlichen Persönlichkeit, die in der Zeit des Terrors schweigend sprach, die Treue gehalten.

Zwiespältiger mußte natürlich die innige Verehrung des Dichterfürsten der ersten Dekaden – Stefan George – ausfallen. Ein Auszug aus einem handschriftlichen, unveröffentlichten Manuskript aus dem Jahre 1939 spiegelt SBCs leidenschaftlichen Versuch einer Ehrenrettung des von nationalsozialistischer Kulturpolitik vereinnahmten George wider. Der erst sechsundzwanzigjährige Rosenthal macht sich in diesem Essay zum Anliegen, was viele aus Deutschland emigrierte Antifaschisten bedrängte: er bestreitet die Interpretation des jüdischen Autors Adolf Leschnitzer, die Stefan George als »Vorläufer und Wegbereiter des ›Kulturfaschismus‹« stigmatisierte; er will das Erbe dieses Dichters wahren: »ihm wird unsere Liebe gehören und unsere Bewunderung, auch heute in ›Zeiten der Wirren‹«. Daß ein Vers Georges offenbar Ben-Chorins Lieblingszitat wurde, zeigt nicht nur seine fortwährende Verbundenheit mit dem Dichter seiner Jugend, sondern darüber hinaus eine fast konservative Treue: »Was ich noch sinne, was ich noch füge/Trägt die selben züge«

Im Licht der Lehre erscheinen die religionsphilosophisch, dichterisch und menschlich wegweisenden Begegnungen mit dem verehrten Lehrer Martin Buber und dem früh verstorbenen Philosophen Franz Rosenzweig.

Auf der Suche nach verlorener Heimat zeichnen sich die Schicksale einiger deutschsprachiger Dichter ab. Ahasver-Gestalten, ruhelos umhergetrieben, erinnern sie mich an ein Bild des israelischen Malers Samuel Bak: Aus den Köpfen von Flüchtlingen mit traurig, zu Boden gesenktem Blick wachsen Bäume und sprengen ihre Schädel. Der Baum, das Symbol heimatlicher Verwurzelung, begleitet jene Umherirrenden, die geographisch keine Heimat mehr auszuloten wissen, und überwuchert ihre Gedanken... *Auf der Suche nach verlorener Heimat:* der vergessene jüdische Dichter Richard Beer-Hofmann, die »Dioskuren der Literatur der Emigration« – Arnold Zweig und Lion Feuchtwanger, der »Historiker der jüdischen Seele« – Josef Kastein, die ewige, tragische Jünglingsgestalt von Klaus Mann, der »schwarze Schwan« Israels – die Dichterin Else Lasker-Schüler, Menschen mit ihren Widersprüchen: Franz Werfel, Joseph Roth.

Zwischen Mythos und Realität treten die verborgenen Gestalten zweier genialer Einzelgänger auf: Ein Outsider par excellence, Oskar Goldberg, von Walter Benjamin als »Zauberjude«, von Thomas Mann als »jüdischer Faschist«, von Werner Kraft als »falscher Prophet« apostrophiert,[7] wurde von wenigen in seiner problematischen, schillernden Persönlichkeit so aufmerksam wahrgenommen wie von Schalom Ben-Chorin. Zu ihm gesellt sich in unserer Sammlung, sofern Einzelgänger und Außenseiter dies erlauben, der Mythenbildner Alfred Mombert in seinen »ewigen Wandel-Welten« und »aeonischen Stern-Traumreichen«.

Von den bekannten, wenngleich oft in Vergessenheit geratenen Zeitgenossen gelangen wir zu den viel zu unbekannten, mutigen Zeugen der Gerechtigkeit. *Im Namen der Menschlichkeit* bewiesen sie furchtlose Verbundenheit mit dem jüdischen Volk: Prälat Hermann Maas, der sich in gläubiger Liebe so tief mit dem Volk Gottes solidarisierte, daß er sogar auf dem Leidensweg ins Konzentrationslager folgte und schließlich im biblischhohen Alter als der »bewährte Freund Israels« starb; der Schriftsteller und Boxmeister Horst Schade, jene »seltsame Mischung des Muskel- und Geistesmenschen«, der mit seiner jüdischen Frau nach Israel auswanderte und sich in allzu großer Bescheidenheit dem Los eines völlig verkannten Dichters fügte;

und letztendlich David Frankfurter, der 1936 den Gauleiter der Nationalsozialisten in Davos erschoß; seine am humanistischen Widerstand zerbrochene, feinsinnige Gestalt entsteht in der vertrauten Schilderung Ben-Chorins, der es auch übernahm, Frankfurters Lebensbericht – sozusagen nach freiem Diktat – für die Nachwelt schriftlich festzuhalten.
Es sind die Verkannten und eher Unbekannten in diesem Buch, die mich zutiefst berührten; oft ist es ja nur ihre verhaltene, scheue Wesensart, die sie nicht ins Rampenlicht der Weltöffentlichkeit rückte.
In Freundschaft verfaßt sind die abschließenden Gedenkworte Ben-Chorins für einige seiner besten Freunde.
Das Bildnis des Dichters und Denkers Max Brod offenbart die warme Liebenswürdigkeit seines Wesens und die volle Vielschichtigkeit seiner Begabungen. Aus des Herzens Tiefe kommt die Erinnerung an den Gelehrten Frederick P. Bargebuhr und den Philosophen und Bibliothekar Felix Weltsch, an Gabriel Stern, den SBC den »gelehrtesten Journalisten seiner Generation« nennt, am Sammy Gronemann, den »König des Humors und der Satire«, den »Scholem Aleichem der Jekkes« und an Hans Lamm, den Münchener Jugendfreund.
Aber vor allem bewegt und überzeugt, daß SBCs Freundschaften meist keine sporadischen Etappen seines Lebens blieben. Nicht nur Schul-, Jugend- oder Altersfreunde, sondern vor allem *Lebensfreunde* beweisen jene Kraft der Treue, die Ben-Chorin im Glauben verwurzelt sieht: »Treue und Glaube werden im Hebräischen mit einem Wort umschrieben: *emuna*. Wer die Treue wahrt, steht im Glauben und bleibt bewahrt, über die Zeit hinweg.«[8]
Brücke all dieser Begegnungen war und ist die *Sprache*. Sie ist ein Instrument, das Schalom Ben-Chorin beherrscht und dem er in der Vielfalt literarischer Gattungen Klang verleiht.
Während Ben-Chorin seinem Publikum in den deutschsprachigen (und darüber hinaus in anderen europäischen) Ländern zumeist als Religionsphilosoph, Theologe und Dichter bekannt ist, wird er in seiner Bedeutung als Journalist hier weitgehend

verkannt (interessanterweise verhält es sich proportional umgekehrt in Israel, wo er eher als deutschsprachiger Journalist und kaum als Theologe und Schriftsteller bekannt ist). Er selbst nennt sich einen »Grenzgänger: zwischen Literatur und Journalistik und schließlich, im Laufe der Jahre, auch noch Grenzgänger zwischen diesen Gebieten und der Theologie, die mein Schicksal wurde«.[9] Mit seiner Fähigkeit, komplexe Zusammenhänge in knappen Strichen und zupackenden Formulierungen einzufangen, erledigt er meine Frage nach seinem beruflichen Selbstverständnis mit einer geradezu definitorischen Antwort: Er verstehe sich als Schriftsteller mit theologischem Interesse und publizistischen Methoden.

In dem vorliegenden Buch behauptet er sich vor allem als Meister des *Feuilletons,* »die heute aussterbende Literaturgattung zwischen Dichtung und reinem Journalismus, die mich stets anzog«.[10] SBC geht es nie um reinen Nachrichten-Journalismus: »Ich liebe, ein journalistischer Antijournalist, die öffentliche Langeweile, die den Blick für die Geschichten mit ›human touch‹, für die allzu menschlichen Begebenheiten freigibt, für die ich mich mehr interessiere als für die konvulsivischen Zukkungen der Weltgeschichte.«[11]

Zunächst arbeitete SBC als Jerusalemer Korrespondent jüdischer Zeitungen in Deutschland, für das *Israelitische Familienblatt* in Hamburg, die *Jüdische Rundschau* in Berlin, die nach der Reichspogromnacht am 10. November 1938 eingestellt wurden. Er fand neue – mehr oder minder regelmäßige – Publikationsmöglichkeiten in der Presse der Emigration, schrieb für die *Pariser Tageszeitung,* die Georg Bernhard, der Chefredakteur der *Vossischen Zeitung,* herausgab, das *Prager Tageblatt,* für das Max Brod als Theater- und Musikkritiker wirkte, die Prager *Selbstwehr,* die Brods Freund, der Philosoph Felix Weltsch, redigierte, die *Jüdische Weltrundschau,* die Robert Weltsch von Jerusalem aus betreute und in Paris drucken ließ, ferner für *Das Wort,* von Lion Feuchtwanger, Bert Brecht und Willi Bredel in Moskau herausgegeben, die *Internationale Literatur,* die Johannes R. Becher ebenfalls in Moskau redigierte,

die Pariser *Neue Weltbühne,* das *Argentinische Tagblatt* und die holländische Tageszeitung *Het freje Volk.*
Diese Arbeiten blieben jedoch sporadisch, sicherten keine ökonomische Existenzbasis und fanden mit dem Kriegsausbruch im Herbst 1939 ein jähes Ende. SBC schloß sich daher dem journalistischen Experiment einer deutschsprachigen Zeitung im damaligen Palästina an, die zunächst als vervielfältigtes Übersetzungsblatt erschien, das nach seinem Begründer, Besitzer und Verleger *Blumenthals Neueste Nachrichten* hieß, im Volksmund *Blumenkohl* genannt. Daraus entwickelte sich die *Jedioth Chadashoth (Neueste Nachrichten),* die seit den achtziger Jahren unter dem Titel *Chadashoth Israel (Israel Nachrichten)* erscheint. Ebenso schrieb SBC für das *Mitteilungsblatt des Verbandes mitteleuropäischer Einwanderer in Israel (MB)* und hatte in der deutschsprachigen Wochenschrift der progressiven Partei, *Hakidmah,* jahrelang die Kolumne *Jerusalemer Beschwerdebuch* inne.
Einige der hier vorgestellten Feuilletons wurden erst- und einmalig in der deutschsprachigen Presse des damaligen Palästinas bzw. des heutigen Staates Israel veröffentlicht; es sind Beiträge aus einem halben Jahrhundert des deutsch-jüdischen Zeitungswesens, die nun in Buchform einem größeren Publikum zugänglich werden. Darunter finden sich viele Geburtstagsartikel. »Geburtstage haben es in sich«, kommentierte Ben-Chorin einmal. »Ich habe zahllose Geburtstagsartikel im Laufe der Jahrzehnte geschrieben, darunter nicht wenige, die von den Jubilaren selbst angeregt wurden. (...) Über Geburtstagsartikel sagte ein langjähriger Mitarbeiter unseres Blattes, Dr. Schloßberg: ›Die Juden fürchten den Tod, aber sie lieben den Nachruf; deshalb haben sie den Geburtstagsartikel erfunden.‹«[12]
Spuren von journalistischer Routine und Alltagsarbeit finden sich auch in manchen dieser Feuilletons; sie jedoch aus ästhetischen Gründen als Herausgeberin zu verwischen, erschien mir unangemessen. Selbst wo einige Beiträge nicht unbedingt den höchsten Ansprüchen eines kunstfertigen Feuilletons genügen mögen, besitzen sie doch dokumentarischen Wert.

Die meisten Aufsätze dieses Buches wurden ursprünglich als Gedenkartikel verfaßt. Schalom Ben-Chorin begründet diese Tatsache in seinem nüchternen Realismus folgendermaßen: »Es liegt im Wesen einer Presse, die einer überalterten, dahingehenden Generation dient, daß sie Gedenkartikeln einen weiteren Platz einräumen muß, als sonst üblich ist.
Die deutschsprachige Presse in Israel steht im Zeichen des Untergangs. Man kann das bedauern oder begrüßen; bedauern, da damit ein letztes Zeichen einer deutsch-jüdischen Synthese oder Symbiose verschwindet; begrüßen, weil der Prozeß der Integration und der sprachlichen Einheit im hebräischen Israel nicht mehr aufzuhalten ist.
Man muß diesen Prozeß mit der Gelassenheit betrachten, die höheren Jahrgängen im allgemeinen zu Gesichte steht. (...)
Wir beginnen, in die Geschichte einzugehen, und das heißt freilich auch, in das große Vergessen, ohne das wir nicht leben können.«[13]
Es mag ein weises Wort sein, daß wir ohne das große Vergessen nicht leben können, aber können wir weiterleben ohne das große Gedächtnis?
Können wir überhaupt Geschichte – im großen wie im kleinen Maßstab – ohne rückwärtsgewandten Blick begreifen und betreiben?
Es ist, als ob hier Walter Benjamins »Engel der Geschichte«, Klees »Angelus Novus« erschiene: »Ein Engel ist darauf dargestellt, der aussieht, als wäre er im Begriff, sich von etwas zu entfernen, worauf er starrt. Seine Augen sind aufgerissen, sein Mund steht offen und seine Flügel sind ausgespannt. Der Engel der Geschichte muß so aussehen. Er hat das Antlitz der Vergangenheit zugewendet. Wo eine Kette von Begebenheiten vor *uns* erscheint, da sieht *er* eine einzige Katastrophe, die unablässig Trümmer auf Trümmer häuft und sie ihm vor die Füße schleudert. Er möchte wohl verweilen, die Toten wecken und das Zerschlagene zusammenfügen. Aber ein Sturm weht vom Paradiese her, der sich in seinen Flügeln verfangen hat und so stark ist, daß der Engel sie nicht mehr schließen kann. Dieser Sturm

treibt ihn unaufhaltsam in die Zukunft, der er den Rücken kehrt, während der Trümmerhaufen vor ihm zum Himmel wächst. Das, was wir Fortschritt nennen, ist *dieser* Sturm.«[14]
Es ist also kein Zufall, wenn in diesen Essays die oft elegische und hymnische Tonart des Nekrologs anklingt, denn dieses Buch ist letztlich ein Nachruf auf versinkende, fast versunkene Welten, die einer deutsch-jüdischen Symbiose und die des deutschsprachigen Judentums.
Unsere Anthologie möge nicht nur den hier genannten, bekannten, verkannten und unbekannten Zeugen einer Zeit – mit Alfred Polgars Worten das Asyl bieten, »das ihre Erscheinung vorm Vergessenwerden, vor dem ›gefräßigen Regen‹ der Zeit behüten würde. Soweit ein Dach aus Papier und Letternschwärze dies eben vermag«.[15]
Schalom Ben-Chorin, der hier am Anfang und Ursprung unserer Begegnungen steht, bezeichnete sich einmal scherzhaft als »der letzte Mohikaner«. Ein Bonmot voll bitterer Ironie.
Dieses Buch verstehe ich nicht nur als eine Hommage an Schalom und Avital Ben-Chorin, sondern auch als eine wehmütige Huldigung der letzten deutschsprachigen Juden in Israel, der weithin untergegangenen Lebenswelt der Jekkes.
Der jüdische Journalist Hendryk M. Broder vergegenwärtigte in der Besprechung einer Dissertation über das Ostjudentum – die – wie symptomatisch! – in einer ethnologischen Studienreihe erschien, die Tragik unserer Geschichte: »Es sind nicht nur Millionen ermordet worden, es wurde auch eine einzigartige Kultur vernichtet, die nirgendwo und nie mehr wiederaufleben wird. Daß diese Kultur heute wissenschaftlich erforscht wird, mag sie vor dem zweiten Tod durch das Vergessen retten. So wichtig und verdienstvoll solche Versuche sind, dokumentarisch festzuhalten, was zerstört wurde, sie machen die Totalität der Vernichtung nur noch deutlicher. Die Ostjuden, die eben noch gelebt haben, sind in jener Abteilung der Geschichte angekommen, in der auch nach den Hethitern und anderen untergegangenen Völkern geforscht wird.«[16]
Wehmut liegt auch über diesem Unterfangen.

Mag es auch eine sinnvolle und notwendige Aufgabe für uns Spätgeborene sein, die Zeugnisse einer versinkenden Welt zu sichten, zu sammeln und zu bewahren, so ist diese geschichtlich gewordene, traurige Erfordernis – bei Gott! – keine »Gnade der späten Geburt«. Wir versuchen, rückwärtsgewandten Blicks, das Vergangene zu begreifen, neue Gefahren zu bannen, aber das erste, kleine Wort im abschließenden Vers Erich Frieds wird immer zynisch klingen: »*Nur* die Menschen bleiben verbrannt.«[17]

Anmerkungen

1 Also will ich mich doch der klassischen Frage deutscher Wissenschaftlichkeit fügen, wie SBC sie karikiert: »Ist das wissenschaftlich, mit Apparat?«
Ja. Obwohl SBC wohl eher mit Max Brods Entscheid abwinken würde: »Was im Text nicht mitmarschieren kann, braucht nicht hinterher zu humpeln.« Aber vielleicht ist der ein oder andere Leser für einen kurzen Hinweis oder Nachweis dankbar. Sofern SBCs Zitate hier nicht belegt werden, sind sie entweder den vorliegenden Essays oder seiner zweibändigen Autobiographie entnommen: SBC, Jugend an der Isar, München 1988; ders., Ich lebe in Jerusalem. Ein Bekenntnis zu Geschichte und Gegenwart, München, 1988.
2 SBC, Verena Lenzen (Hrsg.), Jüdische Theologie im 20. Jahrhundert. Ein Lesebuch, München 1988.
3 Vgl. SBC, Ich lebe in Jerusalem, 19.
4 Cesare Pavese, Schriften zur Literatur, Düsseldorf 1977, 250.
5 Elsbeth Pulver, Jean Améry, in: Heinz Ludwig Arnold (Hrsg.), Kritisches Lexikon zur deutschsprachigen Gegenwarts-Literatur, München 1978, 6.
6 SBC, Jugend an der Isar, 173.
7 Vgl. Manfred Voigts, Oskar Goldberg. Ein Dossier, in: Akzente 2 (1989) 158–191.
8 SBC, Frederick P. Bargebuhr, hier 166.
9 Ders., Ich lebe in Jerusalem, 203, 204.
10 Ebd. 201.
11 Ebd. 215.
12 Ebd. 226.
13 Ebd. 226, 227.
14 Walter Benjamin, Über den Begriff der Geschichte, in: ders., Gesammelte Schriften I, 2, hrsg. v. Rolf Tiedemann, Hermann Schweppenhäuser, Frankfurt a.M. 1980, 691–704, hier 697, 698.
15 Alfred Polgar, Denkmal des unbekannten Menschen in: ders., Im Lauf der Zeit, Hamburg 1963, 90–92, hier 92.
16 Henryk M. Broder, Die Schejnen und die Prosten. Tamar Somogyis Buch über die Lebenswelt der Ostjuden. Dokumentation einer vernichteten Kultur, in: Die Zeit (4. 10. 1985).
17 Erich Fried, Angst und Trost. Erzählungen über Juden und Nazis, Frankfurt a.M. 1983, 93. (Hervorhebung von V. L.).

I
Im Zeichen Zions

Theodor Herzl

In seinem Nachruf auf Theodor Herzl, den er dem zweiten Band der hebräischen Ausgabe seiner Essays vorausschickte, bezeichnete Achad Haam, Herzls zionistischer Antipode und schärfster Kritiker, ihn als die große und zentrale jüdische Persönlichkeit, der es gegeben war, »in vielen Herzen den starken Glauben an Dinge zu festigen, die über Natur und Verstand gehen«. Das jüdische Volk – so formulierte Achad Haam – hat seinen Messiasglauben auf Herzl übertragen. Trotz dieser Wirkung der Persönlichkeit Herzls auf die jüdische Volkspsyche sagte Achad Haam (wie Böhm in seiner zionistischen Geschichte zu Ende des ersten Teiles betont), daß der tote Führer vielleicht von noch größerer bewegender Kraft sein werde als es der lebende war. Die Phantasie des Volkes wird in ihm seinen Helden sehen, eine Idealgestalt, die es nach seinem Geist und seinem Ebenbild, ohne die Schranken, die seinem irdischen Sein angehaftet haben, formen wird.
Achtzehn Jahre nach Herzls allzu frühem Tod, auf dem zwölften Zionistenkongreß in Karlsbad, dem ersten Kongreß nach dem Weltkriege, dem Kongreß, auf dem Balfour-Deklaration und Mandat Wirklichkeit geworden, das unmittelbare Ziel Herzls, der »Charter« also, errungen war, konnte Nachum Sokolow mit Recht sagen, daß »Theodor Herzls großer Schatten noch heute unser heimlicher Führer ist«. Und was 1922 die volle Wahrheit war – das ist es auch und erst recht wieder heute. Herzls Schatten ist unser heimlicher Führer geblieben in den vierzig Jahren der Wüstenwanderung durch die Diaspora ins Land Israel und heute im Staate Israel. »Nicht gestorben – weil unsterblich« hatte Zangwill zum Tode Herzls von London nach Wien gekabelt – es ist wahr: kein anderer jüdischer Führer seit unserem Lehrer Moses ist so tief in das Volksbewußtsein eingegangen wie eben Herzl, den der deutsche Dichter Börries von Münchhausen den »Mose unserer Tage« genannt hatte.

Aber diese einmalige Erscheinung eines wahren Charismatikers, der als der Führer vor sein Volk hintrat, anerkannt und mitreißend, wiewohl ihm viele andere in der gleichen Erkenntnis vorausgegangen waren (Pinsker, Hess, Mohilewar, Rülf, Bodenheimer, um nur einige wenige zu nennen), mußte gerade wegen seines frühen Todes bald so sehr Legende werden, daß es heute schon schwer ist, den wirklichen Herzl von dem mythischen Herzl zu trennen. Wären fünfhundert Jahre seit dem Tode dieses einmaligen Mannes vergangen, dessen Erscheinen an das Aufleuchten eines herrlichen Meteors am Nachthimmel unserer dunklen Geschichte gemahnt, so würden sicher die Historiker die Frage aufwerfen: Hat Theodor Herzl jemals gelebt? Und ich bin sicher, daß sich eine kritische Schule bilden würde, welche die historische Existenz dieses Genius in Frage stellte.

Hier soll nun dem mythischen Bilde Herzls, wie es heute in den Köpfen und Herzen unserer Jugend fast ausschließlich lebt, etwas vom Bilde des wirklichen Herzl gegenübergestellt werden. Zugleich aber will ich versuchen, aus den Zeugnissen von Zeitgenossen zu erhellen, wie stark die Persönlichkeit Herzls gewirkt hat, wie sehr seine großartige äußere Erscheinung, seine bezwingende Kraft der Rede und des Umgangs zu der Legendenbildung führen mußten.

Bekannt ist, daß der hebräische Schriftsteller Ben-Ami, als er Herzl auf der Tribüne des ersten Kongresses stehen sah, unter einem inneren Zwange durch die stürmisch jubelnde Menge schrie: »Jechi Hamelech! Es lebe der König!« ... und niemand hat gelacht. Ebenso konnte ein junger Arbeiter anläßlich Herzls Rußlandreise nicht an sich halten, den »Melech Herzl« in seinem Trinkspruch zu feiern. Enthusiasten, die der Augenblick hinriß? Aber was sagt man zu einer Tagebuchaufzeichnung des kühlen Max Bodenheimer, der Herzl auf seiner Palästinareise begleitete und nach Herzls erstem Empfang durch den Kaiser Wilhelm II. in Konstantinopel notierte: »Als Herzl das Hotel verließ, hatten wir den Eindruck, der uns oft wiederkehrte: so tritt ein Fürst auf. In seinem Wesen liegt etwas von einem geborenen Herrscher. Erreichen wir unser Ziel (den Judenstaat)

bald, so ist die Begründung einer autokratischen Monarchie nicht ausgeschlossen. Es liegt dies im Temperament und Charakter Herzls, der den Wunsch und die Fähigkeit besitzt, das Nötige und Wichtige allein zu tun«.
Einer der kühlsten und kritischsten Köpfe der zionistischen Bewegung hatte diesen königlichen Eindruck von Herzl. So nimmt es auch nicht wunder, wenn der hebräische Publizist Wardi die Zeugnisse der Zeitgenossen von Herzls Palästina-Reise unter dem Titel »Malki b'Zion« (Mein König in Zion) zusammenstellte, denn alle diese Zeitgenossen empfanden die Reise als den Besuch des Herrschers in seinem Lande.
Schließen wir diese Betrachtung des königlichen Eindrucks Herzls mit jener köstlichen Anekdote, die der so tragisch umgekommene Herzlforscher Nussenblatt in sein schönes Werk *Zeitgenossen über Herzl* aufgenommen hat. Der Frankfurter Protestrabbiner Horowitz stellte einen ostjüdischen Kollegen zur Rede, der sich in begeisterten Worten über Herzl äußerte: »Wie können Sie als orthodoxer Rabbiner so über einen Juden reden, der trefe [rituell unrein] ißt und den Schabbath nicht hält!«
»Aber das ist ja gerade das Gute an ihm«, erwiderte der Rav, »wenn er auch noch koscher leben würde – müßte ich ihn doch für den Messias halten.«
Bodenheimer hat durchaus das richtige getroffen, wenn er Herzl als »geborenen Herrscher« bezeichnete. So notierte Herzl in sein Tagebuch: »Die Demokratie ist ein politischer Unsinn, der auch nur von einer Menge in der Aufregung einer Revolution beschlossen werden kann«. Und später: »Nietzsche ist ein Irrsinniger. Aber regiert kann nur aristokratisch werden.« Das sind die allerprivatesten Gedanken des Mannes. Er stellt sie aber hintenan in dem Augenblick, in dem er in die jüdische Wirklichkeit geht. Er, der Autokrat und Aristokrat, schafft den Zionistenkongreß (ihm gelingt damit, was Nathan Birnbaum und anderen Vorläufern nie gelang!), das jüdische Parlament, welches das demokratischste aller Parlamente wurde. Aber das ist eben typisch für Herzl – mit seinem Eintritt in die jüdische

Politik stellte er das Persönliche zurück, und eben dadurch wirkte seine Persönlichkeit so stark. Wie ein Abschied klingt sein Briefwort an Heinrich Teweles vom 16. Juni 1895: »Ich glaube, für mich hat das Leben aufgehört und die Weltgeschichte begonnen.«

Ein gutes Beispiel für diese Wandlung ist etwa Herzls Stellung zur Frauenfrage. Noch 1895 schreibt er ein satirisches Feuilleton gegen die Frauenrechtlerinnen. In dem Kampfgeschrei »Hie Wolf, hie Weidling!« (wienerischer Ausdruck für Kochtopf) entscheidet er sich für den Kochtopf als natürliches Wirkungsfeld der Frau. »Ich will nichts von der Frauenemanzipation wissen«, schließt er, klar und bündig. Da war er noch der Feuilletonist der »Neuen Freien Presse«. Aber im August 1897 in Basel ist er bereits Präsident des Kongresses. Und da erhebt sich die Frage: Werden die Frauen Sitz und Stimme im Kongreß haben? Mit französischer Leichtigkeit, erlernt im Palais Bourbon, erwidert Herzl auf diese verfängliche Frage, daß die Damen geehrte Kongreß-Gäste seien, an den Abstimmungen aber nicht teilnehmen. Schon ein Jahr später las man's anders. Der Zionistenkongreß war das erste Parlament der Welt, das den Frauen volle Gleichberechtigung gewährte. Und Herzl benutzte diese persönliche Niederlage – agitatorisch für den Zionismus. Fortschrittlich gesinnten Kreisen gegenüber betonte er diese Gleichberechtigung als ein Zeichen der Progressivität des Zionismus. Er war eben der »erste Diener des Judenstaates« geworden.

Ebenso wie in der Frauenfrage stellte er sich auch in religiösen Fragen um, nachdem er nicht mehr Privatmann war, sondern Führer der Juden. Er, der leidenschaftliche Raucher, unterläßt es auf dem Kongreß, am Schabbath zu rauchen (während sich die anderen Nicht-Orthodoxen keinerlei Zwang auferlegen). Es ist nicht so, wie die Legende es will, daß Herzl, aus ganz assimiliertem Milieu stammend, einen blitzartigen Durchbruch zum Judentum erlebt hat. Er stammte aus einem ungarisch-jüdischen Haus, in dem man am Schabbath zur Synagoge ging und den Kindern durchaus ein traditionelles Wissen vermittelte.

Aber er hatte sich entfernt von dieser Herkunft. Bekannt ist seine Tagebuchstelle vom 24. Dezember 1895, also nachdem er den »Judenstaat« bereits geschrieben hatte: »Eben zündete ich meinen Kindern den Weihnachtsbaum an, als [Oberrabbiner] Güdemann kam. Er schien durch den ›christlichen‹ Brauch verstimmt. Na, drücken lasse ich mich nicht!«
Hier steht Herzl noch an der Schwelle zwischen dem (Privat)-Leben und der (jüdischen) Weltgeschichte. Im Herbst 1895 schrieb er noch an Max Nordau, den ersten und treuesten Freund und Weggenossen, als dieser eben eine Mischehe eingegangen war: »Ihre Bedenken über die Aufnahme Ihrer Mischehe in jüdischen Zelotenkreisen sind vielleicht übertrieben. Was sind wir heute? Bürger des idealen Judenstaates, den wir auf die Erde zu setzen als den besten Inhalt unseres Lebens ansehen. Wäre unser Werk heute schon vollbracht, so wäre es doch wohl einem (...) Bürger des bestehenden Judenstaates nicht verwehrt, eine Ausländerin zu heiraten. Sie würde dadurch eine Jüdin, ungeachtet der Konfession.«
Das war Herzls in sich ganz konsequente, nur nationale Haltung, so lange der Judenstaat allein in der Idee existierte. Zwei Jahre später aber, als zwar der Judenstaat noch nicht Realität geworden war, wohl aber der »Judenstaat unterwegs«, die Zionistische Weltorganisation nämlich, deren Präsident Herzl nun war, entschied er anders. Der seltsame judenchristliche Schwärmer Morris de Jonge wollte als Nationaljude christlichen Glaubens der Organisaton beitreten. In einem Brief vom 12. 9. 1897 entschied Herzl: »Herr de Jonge kann als Christ nicht in die Organisation eintreten. Wir werden ihm aber überaus dankbar sein, wenn er uns nicht-organisiert hilft«.
Hier also wird dem Nichtjuden im konfessionellen Sinne die »Staatsbürgerschaft« im »Judenstaat unterwegs« nicht mehr zugebilligt. Herzl der Volksführer mußte bereits auf die Psyche der jüdischen Massen eingehen – und tat es mit sicherem Instinkt. Leuten, die verwundert oder verärgert waren über Herzls Wandlungsfähigkeit wie der Assimilant M. Paul-Schiff, der Herzl vorwarf, daß er noch 1894 in einer Rezension eines

Romans Judenstaatspläne als »kindisch« abgelehnt hatte, hielt er die Verse Paul Heyses entgegen:

»Wer heute klüger ist als gestern
Und es mit frohem Mut bekennt,
Den werden die Biedermänner lästern
Und sagen: er ist inkonsequent.«

Die scheinbaren Inkonsequenzen Herzls entsprangen der großen Konsequenz seines Denkens und Fühlens. Das große Ziel hielt er immer fest. Aber darüber verlor er nicht den Blick für die Wirklichkeit. Das war auch seine Haltung im Uganda-Konflikt. Herzl hielt fest an Zion, aber er wagte den Umweg über Ostafrika. Scheinbare Inkonsequenz zugunsten einer tieferen Konsequenz.

Gewiß hatte Bodenheimer recht, wenn er feststellt, daß Herzl die entscheidenden Dinge allein machen wollte. Das erschwerte die Zusammenarbeit mit ihm. Er forderte immer volle Bereitschaft der Seinen, aber auch ihre Reserve, bis er das Signal zur Aktion gab. Das wurde natürlich oft mißverstanden, und die Mitarbeiter ermüdeten leicht. So klagte dann Herzl in seinen Briefen über das »Inaktions-Komitee« und schreibt an den Freund David Wolffsohn: »Unsere Leute sehen mit lebhaftem Interesse vom Balkon aus zu, wie ich arbeite« (10. 1. 1897), und mit der ihm eigenen Ironie (die er nach einem hübschen Vers Julius Bauers von Heine hatte) schreibt er 1903 dem Maler Lilien: »Sie haben die Ornamente für das Goldene Buch noch immer nicht geliefert. Werde ich auch noch Ornamente zeichnen müssen? Es würde Euch recht geschehen, da ich alles machen muß.«

So arbeitet er, sich wandelnd, aber am Endziel unbeugsam festhaltend, mit übermenschlicher Kraft bis zum frühen Ende. Die Arbeitsleistung ist fast unvorstellbar. Präsident der Organisation, Herausgeber der »Welt«, Verfasser von Dramen und einem Roman, von zahllosen Artikeln und Rezensionen, ein unermüdlicher Briefschreiber, ein großer Redner, ständig auf Reisen in diplomatischer Mission – und zugleich ein pflichteifriger

Journalist, Angestellter des Herrn Moritz Benedikt, Herausgeber der »Neuen Freien Presse«.
Herzls Verhältnis zum Journalismus, zu seiner Zeitung und deren Chef ist auch im Licht der Legende falsch, oder besser gesagt halbrichtig gesehen worden. Nur wenigen ist bekannt, daß zwei wohlhabende Zionisten, Mr. Cowen aus London und Johann Kremenetzky aus Wien (der erste Organisator des Nationalfonds), Herzl ein hohes Gehalt anboten, damit er die »Neue Freie Presse« verlasse und sich ganz in den Dienst der Organisation stelle. Herzl schlug das Anerbieten aus. Nicht aber allein, um nicht von der Organisation abhängig zu sein – wie die Legende es will. Auch das ist richtig. Aber es gab noch einen tieferen Grund. Herzl liebte seinen journalistischen Beruf, und er wußte, daß er in der jüdischen und nichtjüdischen Welt nur war, was er war, da er als der Vertreter dieser »vierten Großmacht, der Presse«, auftrat, jener »Neuen Freien Presse«, von der sogar der Sultan Abdul Hamid Herzl versicherte, daß er sie stets verfolge.
Journalist und Volkskönig, ganz Mensch des neunzehnten Jahrhunderts und zugleich wie eine Gestalt aus urbiblischen Tagen, Aristokrat und Demokrat, Rationalist und Visionär, so stand Herzl vor seinen Zeitgenossen, die überwältigt waren von der unfaßbaren Macht seiner Persönlichkeit, die sich in seinen großen, dunklen Augen spiegelte, von denen alle, die ihn kannten, wie von einem Wunder sprachen. Herzl hat selbst die Formel seines Lebens einmal ausgesprochen mit den Versen Grillparzers, die er einer Studie über Nordaus Drama »Doktor Kohn« am 20. Januar 1899 voranstellte:

»Mag unsere Zeit mich bestreiten,
Ich laß es ruhig geschehn –
Ich komme aus anderen Zeiten
Und hoffe in andre zu gehn.«

Vladimir Jabotinsky

In diesem Herbst 1980 jährt sich der hundertste Geburtstag von Vladimir (Seev) Jabotinsky, dem Gründer der Union der Zionisten-Revisionisten, die in den dreißiger Jahren die klassische Konzeption des Herzl-Zionismus gegen den »synthetischen Zionismus« Chaim Weizmanns vertrat.
Die Endzieldebatte beherrschte damals die zionistische Szene. Während Weizmann und der Arbeiterflügel der Zionistischen Organisation das Schwergewicht auf die kolonisatorische Entwicklung legten, trat Jabotinsky für das unverrückbare Ziel des Judenstaates (zu beiden Seiten des Jordans!) ein.
Im deutschen Zionismus fand Jabotinsky nur ein sehr geringes Echo. Zu den prominenten Parteigängern Jabotinskys in Deutschland gehörten Richard Lichtheim, der während des Ersten Weltkrieges als Vertreter der Zionistischen Organisation in Konstantinopel wirkte, Georg Kareski und schließlich der alte Mitkämpfer Herzls, der Kölner Rechtsanwalt Dr. Max Bodenheimer.
In meiner Heimatstadt München aber war in der zionistischen Ortsgruppe von einem Einfluß Jabotinskys um 1928 noch nichts zu bemerken.
Ich war damals als Volontär in der Ewer-Buchhandlung tätig, einem jüdischen Sortiment, das dem Jüdischen Verlag in Berlin zugehörte. Eines Tages erhielten wir von einem Münchener Verlag, dessen Namen mir entfallen ist, einen biblischen Roman *Richter und Narr* von einem mir völlig unbekannten Verfasser: Altalena. Das Buch trug den Vermerk: »Übersetzung aus dem Russischen«.
Der Leiter der Ewer-Buchhandlung, Herr Schloime Monheit, der später als Buchhändler in Haifa tätig war, erklärte den Kunden sozusagen hinter vorgehaltener Hand, daß sich unter diesem Pseudonym »Altalena« kein anderer verberge als Vladimir Jabotinsky.

Auf mich machte diese Enthüllung keinen Eindruck, denn ich wußte nicht, wer Jabotinsky war, was das maßlose Erstaunen meines Chefs, eines gelernten Zionisten, auslöste. Ich wurde zionistisch aufgeklärt, erfuhr, daß Jabotinsky der eigentliche Gründer einer Jüdischen Legion im Ersten Weltkrieg war, Organisator der Hagana (Selbstwehr) in Jerusalem zu Beginn der zwanziger Jahre, und, des Landes Palästina verwiesen, damals in Paris im Exil lebte.

Ich las das Buch und war begeistert. Nicht die Kraft des Erzählers war es eigentlich, die mich in den Bann schlug, sondern die ganz unkonventionelle Art des Zugangs zur Bibel.

Dieser Tage, im Oktober 1980, sprach Ministerpräsident Menachem Begin im allwöchentlichen Bibelkreis am Samstagabend in seinem Hause in Jerusalem über das spezifische Verhältnis Jabotinskys zur Bibel. Jabotinsky war kein religiöser Jude, aber er lebte mit der Bibel. Er hatte dies mit seinem zionistischen Antipoden David Ben Gurion gemeinsam, der bei leidenschaftlicher Ablehnung Jabotinskys ihm eigentlich Zug um Zug folgte. Er übernahm viele Jahre später im Biltmore-Programm die Judenstaatskonzeption Jabotinskys, er baute die Armee Israels auf, die Jabotinsky mit seiner Losung einer jüdischen Legion (auch nach dem Ersten Weltkrieg) vertrat und in seiner paramilitärischen Jugendorganisation »Betar« vorbereitete.

Nicht zufällig hatte Altalena (Jabotinsky) die Gestalt des biblischen Kraftmenschen Simson zum Helden seines Romans gemacht. Der heroische Hebräer war für ihn ein Leitbild.

Jabotinsky selbst war ein hebräischer Humanist und ein echter Liberaler im Stile des ausgehenden 19. Jahrhunderts, nicht anders als sein Vorbild Theodor Herzl.

Angeregt durch diese Lektüre, griff ich etwas später zu einem anderen Buch Jabotinskys, *Die Jüdische Legion im Weltkrieg,* das ich aus der Bibliothek von Dr. Ludwig Feuchtwanger (dem Bruder des Romanciers Lion Feuchtwanger) entlieh. Ganz entgegen meiner sonstigen Gewohnheit vergaß ich das Buch zurückzugeben, da es mir besonders lieb und wertvoll geworden war. Als ich 1935 meine Bibliothek in Jerusalem auspackte, fiel mir dieses Buch in die Hände, und mit Entsetzen wurde mir klar, daß ich es seinem Eigentümer nicht zurückgegeben hatte. Ich sandte es also sofort per Post an Dr. Ludwig Feuchtwanger nach München, begleitet von einem Entschuldigungsbrief.

Nach einigen Monaten erreichte mich eine Antwort von Dr. Ludwig Feuchtwanger aus London, in welcher er mir mitteilte, daß das Buch gerade noch rechtzeitig eingetroffen sei, um von der Gestapo mit seiner gesamten Bibliothek beschlagnahmt zu werden ... Es wäre also besser bei mir in Jerusalem verblieben.

Die Gedankengänge Jabotinskys faszinierten mich so, daß ich mehr und mehr den Anschluß an die winzige Gruppe der Zionisten-Revisionisten suchte. In Wien gab es einen treuen Gefolgsmann Jabotinskys, den Oberbaurat Stricker (der so tragisch in Theresienstadt ums Leben kam). Er gab eine Wochenzeitung, die »Neue Welt«, heraus, die ich nun regelmäßig sozusagen als Gegengewicht zur »Jüdischen Rundschau« las.

In München formierte sich eine revisionistische Ortsgruppe, die ich »Das Fähnlein der sieben Aufrechten« nannte. Mehr waren wir wirklich nicht: der Rechtsanwalt und Bohemien Fred Stern, der später auf dem Karmel lebte, ein Buchdrucker und ein Zahnarzt, und schließlich ein zum Judentum übergetretener Bibelforscher, Hans Ludwig Schulz, den Stern immer liebevoll »unseren Gewittergoj« nannte. Ich selbst und noch zwei junge Leute vervollkommneten diese nicht gerade imposante politische Formation. Wir gründeten auch einen »Betar« in München, was 1934 zu unserer Verhaftung durch die Gestapo führte.

Es gelang uns, Jabotinsky nach München einzuladen. Eine glanzvolle Veranstaltung in dem eleganten Hotel »Bayerischer Hof« bildete den Höhepunkt dieses wohl einzigen Besuchs von Jabotinsky in der Isarmetropole.

Er erschien im Smoking und sprach ein klassisches, wenn auch russisch-hartes Deutsch und zitierte merkwürdigerweise die *Lorelei* von Heine. Er verglich die Tochter Zions mit der germanischen »Femme Fatale« auf einsamer Klippe. Ich kann den

eigenartigen Vergleich nicht mehr rekonstruieren, aber ich empfand die Paradoxie des Gleichnisses.
Es war die Tragik Jabotinskys, daß er gewaltige rhetorische Erfolge erzielte, die sich aber nicht in politische umsetzten. Das Auditorium klatschte begeistert, aber die revisionistische Bewegung konnte sich unter den bayerischen Juden nicht ausbreiten, nicht einmal in der ostjüdischen Kolonie in München.
1932 fuhr ich zur fünften Weltkonferenz der Zionisten-Revisionisten nach Wien und erlebte dort Jabotinsky im Zirkus Busch bei einer Massenkundgebung, in der er in vielen Sprachen (er beherrschte deren sieben) die Menge mitriß.
Im Jahre 1931 war mein erstes Buch erschienen, *Die seltsame Gemeinde,* ein Legendenkreis, den ich »Martin Buber, dem Weisenden« gewidmet hatte. In meiner jugendlichen Ahnungslosigkeit überreichte ich Jabotinsky dieses Erstlingswerk. Er sah die Widmung mit hochgezogenen Brauen und bemerkte apodiktisch: »Buber ist ein weiser Mann, aber von Politik versteht er nichts.« Ich war in den Schatten der Titanen getreten: Bubers Deutung des Chassidismus und Jabotinskys politische Zielsetzung schienen mir nichts Gegensätzliches zu sein, aber langsam mußte ich erkennen, daß Buber nicht nur als der Erzähler der Chassidischen Geschichten, sondern auch als der Erzieher zu einem zionistischen Humanismus aufzufassen sei, der mit der radikalen Haltung Jabotinskys nicht zu vereinbaren war. Während die Konferenz enttäuschend wirkte, ging von der Gestalt Jabotinskys eine charismatische Kraft aus. Dieser kleine, eigentlich häßliche Mann mit den funkelnden Brillengläsern wuchs als Redner weit über sich hinaus. Gerade er verwirklichte wiederum das, was Buber philosophisch postulierte: die Begegnung durch die Ich-Du-Beziehung. Jeder Hörer fühlte sich direkt angeredet.
Ich konnte Jabotinsky beobachten, wie er während der Wiener Konferenz seine journalistische Arbeit fortsetzte und einen Artikel für den Warschauer »Heint« schrieb. Ein Bote stand neben ihm, um das Manuskript in Empfang zu nehmen. Aber zugleich hörte sich Jabotinsky in der Generaldebatte die Argumente der

Redner an und ging in einem Schlußwort auf jeden einzelnen ein. Neben ihm verblaßten die anderen Männer der revisionistischen Bewegung, so daß sie allzu stark auf diese eine überragende Persönlichkeit konzentriert blieb.
Als Jabotinsky 1934 die Zionistische Weltorganisation verließ, um die »Neue Zionistische Organisation« zu gründen, konnte ich ihm nicht mehr folgen. Unabhängig aber von Fragen der zionistischen Tagespolitik bewahrte ich das Bild dieses Mannes in meiner Seele, als eines Menschen, der in seiner Existenz die Idee verkörperte, die er vertrat. Diese Einheit ist jenes »höchste Glück der Erdenkinder«, das Goethe als »die Persönlichkeit« bezeichnet.

II
Im Bannkreis der Sprache

Stefan George

Im Jahre 1934 indizierten die Nazis Stefan George post mortem die »Ahnherrschaft der nationalsozialistischen Bewegung«, fünf Jahre später ging ihnen auf (vielleicht hatten einige Kulturwarte indessen tatsächlich die Verse des Dichters gelesen), daß George doch »kein alter Kämpfer« war. Aber mittlerweile haben sich Schriftsteller der antifaschistischen Emigration zu der Goebbels-Irrlehre von 1934 bekannt und meinen nun ihrerseits in George so etwas wie einen Ahnherrn des deutschen Faschismus sehen zu müssen. Es sei eingeräumt, daß Leschnitzer, Arnold Zweig und andere, die sich in diesem Sinne in den letzten Jahren äußerten, sich ihre Meinung über George bestimmt unabhängig vom Diktat Goebbels bildeten, aber allein schon die Tatsache, daß eine Erscheinung wie Joseph Goebbels sich zu George bekannte und ein Schüler Gundolfs, des George-Schülers, war, hat manchen den klaren Blick getrübt.
Wie steht es nun wirklich um Georges Beziehungen zum Nazismus, oder – wie Leschnitzer sagen würde – um seinen »Präfaschismus«? Wie steht es um »George und die Folgen«?
Wolf Franck gibt in seinem Essay *Über Stefan George* (*Internationale Literatur,* Moskau 1938, Nr. 12) darauf eine überaus bündige Antwort, mit der wohl auch Leschnitzer und viele andere antifaschistische Autoren einverstanden sein dürften: »Wie ein politischer Weg von Bismarck über Wilhelm II. zu Hitler geführt hat, so führte ein ideologischer Weg vom älteren Richard Wagner über Nietzsche und George bis Rosenberg.«
Und indem Franck diese Linie weiterverfolgt, kommt er schließlich zu folgendem Ergebnis: »Aus George wurde Hitler, aus dem Meister ›der Führer‹, aus dem Neuen Reich das ›Dritte Reich‹ (...) Sein [Georges] Neues Reich und das ›Dritte Reich‹ klaffen vielleicht formal auseinander, aber in der ideologischen Vision gehören sie zusammen.«
Bei alledem billigen Franck und Leschnitzer George »subjektiv

reinstes Wollen« zu, aber objektiv scheint es Franck »fraglos, daß George einer der Hauptinitiatoren der deutsch-faschistischen Vernebelung der Gehirne war«. Georges »Flucht in die höhere Nebelsphäre einer imaginären Welt« mußte zu einem Zusammenbruch seiner »Flucht-Utopie« führen, gerade in dem Augenblick, da sich die Wirklichkeit seines »Luft-Reiches« bemächtigte, es skrupellos für sich beanspruchte und es schamlos entstellte.
Wie Goethes Zauberlehrling – ein freilich alter und tief tragischer Zauberlehrling – erscheint George in solcher Zeichnung: ein hilfloser Greis, der die Geister, die er rief, nun nicht mehr los wird. Dieser ebenso verbreiteten wie irrigen Sicht der Persönlichkeit und des Werkes Stefan Georges entgegenzutreten und an ihre Stelle das wirkliche Bild zu rücken, ist die Hauptaufgabe des letzten Teils dieser Untersuchung.
Kein anderer Weg führt von der Welt Georges in die Unterwelt des »Dritten Reiches« als der der Demagogie, der Lüge und der Entstellung. Man hat im Dritten Reich den Namen Stefan Georges ebenso mißbraucht wie den Goethes und wie den ursprünglich eschatologisch-chiliastischen des »Dritten Reiches« selbst.
Eine der diabolischen Methoden des Faschismus ist ja die von ihm meisterlich gehandhabte Entstellung der Wörter und Namen. Der Faschismus sagt »Schutzhaft« und meint Preisgabe in die Schutzlosigkeit, er sagt »spontaner Volkszorn« und meint Monopol-Kapitalismus, er sagt »Arbeiterpartei« und meint Kleinbürgerklüngel, er sagt »Friede« und meint Krieg.
Und so wie der Faschismus die Wörter fälscht, fälscht er auch die Namen. Der Umstand, daß das deutsche Volk ein unliterarisches ist (die vielberufenen Dichter und Denker waren nie die Tonangebenden in Deutschland: es gab dort keinen Masaryk, und literarische Fragen beschäftigten die deutsche Öffentlichkeit nie in dem Maße wie etwa die französische), kam den »Kultur-Faschisten« im Falle George zugute: sie konnten in Reim und Aufsätzen einen »gleichgeschalteten« George erstehen lassen, der nichts mit dem wirklichen Manne und mit dem

wirklichen Werke wenig gemeinsam hatte. Ferner kam den Fälschern zugute, daß dieses Werk tatsächlich der Deutung und Mißdeutung besonders zugänglich ist, da es als Emanation eines zutiefst antiken Menschen nur auf dem Wege der Deutung zu der Bewußtseinslage der Heutigen herangetragen werden kann.

Wie sehr das Werk der Fälscher gelang, zeigt die unbedenkliche Gleichung Francks, der im »Dritten Reich« die Vulgärform des »Neuen Reiches« sieht.

Es gibt in Wahrheit aber keine ungewöhnlicheren Gegensätze als die Welt Georges und die des »Dritten Reiches«.

In nichts gehören sie zusammen, auch nicht in der »ideologischen Vision«, die ja an sich schon eine Unmöglichkeit ist. Denn Vision ist immer Bildschau. So sahen die Propheten des Alten Testaments in ihren Visionen nicht-verwirklichte »Ideologien«, andere *Bilder.* Jeremias sieht den blühenden Mandelzweig und den siedenden Kessel, Ezechiel den rätselvollen Reiter und den tiergetragenen Thronwagen und Jesaja die Gottheit im Tempel und die gefiederten Cheruben. Auch bei George ist dieses Bilder-Sehen da und macht ihn zum »Seher« im ursprünglichen Sinne des Wortes. Wenn er von Maximin singt:

> »Dann bist du kind dem freund.
> Ich seh in dir den Gott
> Den schauend ich erkannt.
> Dem meine andacht gilt«,

so ist das Sehen wörtlich zu nehmen. Das antike Lebensgefühl, das nach einem Worte Gundolfs in der »Vergottung des Leibes und der Verleibung des Gottes« besteht, bricht sich in der *Sicht* Bahn. Nicht abstrakte Ideologien treiben dieses antike Lebensgefühl, sondern im *sichtbaren Leib* erkennt George den Gott seiner »ewe«. Was in der Kirche zu theologischer Spekulation verblaßte und sich nur noch in den unverstandenen Symbolen der Eucharistie vollzieht: die Verleiblichung des Gottes, geschieht für George in der Erscheinung Maximins noch immer ganz ursprünglich-neu. Freilich ohne die mysterienkult-bilden-

de Kraft, die das Erlebnis des Einzelnen ins Kosmische steigerte und ganze Völker mit unwiderstehlicher Kraft erfaßte.
Aber wenn dem Sehertum Georges auch dieses allerletzte Maß antiker Größe fehlt (es mußte ihm fehlen, weil es keine Bilder, nur Symbole mehr gab, die der Seher vor dem Volke aufrichten konnte, in der Hoffnung, vertrauter zu werden, so etwa wie der Dichter der Apokalypse sich noch einer vorgefundenen Symbolik bedienen konnte, die er im Feuer seines Christuserlebnisses umschmolz), er bleibt dennoch wirklicher Seher und damit der Antipode des Ideologen in dem Sinne, in dem dieses Wort antiantiker Weise heute gebraucht wird.
Der Faschismus freilich, als die dreist-dumme Mischung von Wahrheit und Lüge, die er ist, mag Sicht und Konstruktion verwechseln und koppeln – es kommt nicht darauf an: wir aber sollten uns vor solcher Vermischung der Grenzen hüten.
Die »Ideologie« des Faschismus ist ihrer Natur nach posthum. Im Anfang des Faschismus waren Atavismus und Demagogie. Kein System, nur tobender Haß. Erst nachträglich schafft sich der Faschismus jenen dilettantischen, aus Plagiaten aufgeführten ideologischen Überbau, der heute als »nationalsozialistische Weltanschauung« feilgeboten wird.
Aber in dieser »Weltanschauung« fehlen die beiden Bestandteile dieses mißbrauchten Wortes: die Welt und die Schau. Beides ist im Werke Georges gegeben und in seiner Person gelebt.
Die Welt und die Schau! Das Reich, das George errichten sollte, war nicht, wie Franck meint, ein in den Geist verflüchtigtes deutsches Kaiserreich: es war ein *Welt*-Reich. Dante und Shakespeare, Baudelaire und Verlaine und einzelne zeitgenössische Dichter Europas, Goethe und Jean Paul und auserwählte Dichter aus dem »Jahrhundert Goethes« waren Bürger diese Weltreiches des Geistes, in dem es keine diffamierten Rassen und Klassen gab. Von wahrer Katholizität war dieses von George gewollte Reich, in dem »höchstes Maß höchste Freiheit« bedeutete.
Es ist dies der erasmische Zug im Welt-Bild Georges, der noch viel zu wenig beachtet wurde. So wie Erasmus von Rotterdam

sein lateinisches Weltreich des Geistes, das keine völkischen Grenzen kannte, errichten wollte – so schuf George sein deutsches Weltreich des Geistes, in dem »unsere drei großen bildungswelten« noch einmal zusammengefaßt werden sollten.
Was haben der Rassenschwindel des Nazismus, seine Bonzenherrschaft und seine imperialistische Gier nach fremden Territorien damit zu schaffen? Wo liegt das Gemeinsame zwischen dem antik-heutigen Gott Maximin und dem Zuhälter und Raufbold und sogar – besten Falls – dem »Nationalhelden« Horst Wessel? Wo liegt das Gemeinsame zwischen des »Sehers Wort«, das »wenigen gemeinsam« ist und dem hysterischen Haßgebrüll eines Hitler, der der »Führer« des Abhubs sein kann, weil seine Wörter allem Unflat gemeinsam sind?
Wo liegt das Gemeinsame zwischen dem zuchtvollen Kunstwerk der Dichtung Georges, in dem Form und Inhalt wie in jeder echten Dichtung eine unlösbare Einheit darstellen, und dem zwangsvertriebenen Buche des miserabelsten deutschen Stilisten?
Zwischen diesen Welten besteht nichts als ein klaffender Abgrund. Selbst dort, wo antifaschistische Kritiker wähnen, eine Gleichheit der Worte und Symbole bei George und den Nazis feststellen zu können, sind diese Kritiker nur der teuflischen Fälscherarbeit der Faschisten zum Opfer gefallen.
So etwa meint Leschnitzer: »Sogar einen wesentlichen Bestandteil des Hitlergrußes, den Heilruf, könnte er [Goebbels] dem *Siebenten Ring* Georges entnommen haben, nämlich der Schlußstrophe des Gedichts der Eid: ›Meine söhne rufen heil.‹«
Das Heil, das die »söhne« hier rufen, ist nicht der Heilsruf der Faschisten. Diese rufen Heil und meinen Unheil. Das »heil« des zitierten Gedichtes aber ist dasselbe, von dem der Gewaltige »Schlußchor« des *Stern des Bundes* kündet: »Gottes heil ist uns ergossen.« (Nebenbei bemerkt, ist die Wendung »Gottes Heil« biblisches Zitat: Apostelgeschichte 28,28, wie sich auch sonst zuweilen – das christliche Erbe Georges erweisend – solche Anklänge finden; etwa im zitierten Gedicht des *Vorspiel* zum

Teppich des Lebens, dessen Schlußzeile nach Genesis 32,27 lautet: »Ich lasse nicht, du segnest mich denn«, oder in der Dichtung *Der Dichter in Zeiten der Wirren,* die auf das 38. Kapitel Jeremias anspielt, und in dem *Gespräch des Herrn mit dem römischen Hauptmann* im *Neuen Reich.*)
Gleichfalls irrig ist, wenn Leschnitzer das Swastikakreuz (Hakenkreuz), das Wahrzeichen des Verlages *Georg Bondi,* bei dem die Werke Georges und seiner Jünger erschienen, als Signum der präfaschistischen Haltung dieses Kreises signalisiert. Das Hakenkreuz auf den Büchern des jüdischen Autors Gundolf und des jüdischen Verlages Georg Bondi erweist nur, wie absurd die Behauptung des antisemitischen Mystikers Hans Blüher ist, daß der Jude angesichts der »judenfeindlichen Rune des Hakenkreuzes«, dem »Heilszeichen der secessio judaica«, gebannt und entlarvt wird (vgl. Hans Blüher, *Secessio Judaica,* Berlin 1922).
Die Okkupation des Hakenkreuzes durch den deutschen Faschismus (und seinen Vorläufer: die Thule-Gesellschaft und die Lüttwitztruppen) ist nur ein Glied in der unabsehbaren Kette der Fälschungen des Faschismus. Wir müssen uns hüten, überall da, wo sich dieses Sonnenrad und Fruchtbarkeits-Symbol findet, faschistische oder präfaschistische Luft zu wittern und so zu Opfern dieser planmäßigen Irreführung zu werden.
Das »Neue Reich« Georges war nicht von dieser Welt. Aber vielleicht liegt genau in der Flucht vor dieser Wirklichkeit Georges »objektive Schuld«? Mußte sich die Negation der ökonomischen Grundlagen seiner Umwelt nicht objektiv als »präfaschistische Vernebelung« auswirken? Mußte Georges Flucht in »jenes schöne eden das allein ewig ist«, in den Garten des »reinen Geistes« und der »reinen Kunst« nicht der faschistischen Wirklichkeitsverfälschung Vorschub leisten? Ja, noch mehr: mußte eine Kunstauffassung, wie sie aus manchen betrachtenden Stücken der *Tage und Taten* spricht, nicht den Dichter, die Dichtung selbst aufs tote Gleis der treu-trauten Harmlosigkeit abschieben und sie dadurch den herrschenden Kreisen genehm machen? Maximen wie diese: »Jeder widergeist jedes vernünf-

teln und hadern mit dem leben zeigt auf einen noch ungeordneten denkzustand und muß von der kunst ausgeschlossen bleiben«, scheinen die Vermutungen zu erhärten.
So wäre denn George ungewollt und indirekt Wegbereiter des Faschismus geworden? Kritiker wie Franck, Leschnitzer und Arnold Zweig bejahen diese Frage. Leschnitzer präzisiert allerdings George als Vorläufer und Wegbereiter des »Kulturfaschismus«. Und gegen dieses Wort und den von ihm umschlossenen Scheininhalt gilt es sich abzugrenzen.
Kulturfaschismus? Das ist eine Contradictio in adjecto. Es gibt keinen Kulturfaschismus und kann keinen geben, da Faschismus und Kultur einander entgegengesetzte und einander ausschließende Bereiche sind. Es gibt auch keine »Kulturfaschisten«. Was es gibt, sind entartete Intellektuelle, die, sich in masochistischer Selbstverstümmelung gefallend, gegen den Geist geistreicheln und Bücher gegen das Bücherschreiben schreiben. Es sind jene Herren vom Schlage Goebbels und Johst, die sich in Tiraden gegen die Kultur in ihren sogenannten Dichtungen gefallen und im Amte – als Minister und Präsidenten – dem In- und Auslande gegenüber als Repräsentanten einer neuen Kultur auftreten. Es sind *die Untergehenden*, von denen George in den *Betrachtungen* der *Tage und Taten* sagt:

> »Ein wunderbar feines inneres gefädel befähigt sie von außen jede starke schönheit aufzunehmen die ihnen im inneren fremd blieb. Solange sie noch an ihr saugen und solang sie noch jung sind gelingen ihnen oft gebilde von schmeichelbarer süße. Später schießt alles in sie ein was ihnen in den weg kommt.«

Solch eine »starke schönheit« war das Werk Stefan Georges. Von den Schreibwarten der Faschisten wurde es – zeitweise – aufgenommen, doch im Inneren blieb ihnen dieses Werk fremd. Später schoß das Vulgärste und Planste in sie ein, weil es ihnen in den Weg kam, oder genauer, weil sie nun des Faschismus Wege gingen. Manchen von ihnen – Benn, Johst, Carossa – gelangen tatsächlich im jugendlichen Saugstadium einige schöne Gebilde. Aber nun, da sie die Amme so gründlich gewechselt haben, gleichen ihre Gebilde mehr und mehr dem, was – in des Wortes ursprünglicher Bedeutung – auf sie einschießt oder einschösse, wenn sie nicht zu jedem Verrat an den Idealen ihrer Jugend bereit wären. Die Faschistensprache nennt diesen Vorgang »Gleichschaltung«. Die deutsche Menschensprache nennt ihn Gesinnungslumperei.

Spät, gewiß zu spät, aber lange vor dem Sieg des faschistischen Gangstertums, im Jahre 1921 bereits, erkannte und bekannte George in seiner apokalyptischen Dichtung *Der Dichter in Zeiten der Wirren* die Hinfälligkeit und Abwegigkeit seiner radikalen Abkehr von der Wirklichkeit:

»Was soll hier himmels stimme wo kein ohr ist
Für die des plansten witzes? was soll rede
Vom geiste wo kein allgemeiner trieb ist
Als der des trugs?«

Aus der klaren Erkenntnis, daß es unmöglich ist, die »rede vom geiste« in einer Gesellschaft zu führen, in der »kein allgemeiner trieb ist als der des trugs,« zog George nicht die letzten Konsequenzen. Sie lagen nicht in seiner hybriden Natur. In den *Zeiten der Wirren* suchte er nicht selbst an der Herbeiführung einer Entwirrung und gerechteren Gesellschaftsordnung mitzuwirken, um so andere Triebe als die des Trugs in den Wertvollen des Volkes freizulegen, sondern, bereits auf der Schattenseite des Lebens stehend, beschränkte er sich drauf, »Bewahrer und Anwalt des Hergekommenen und des Herkommens« zu sein.

So bewahrend und die »heilige glut« schürend, die »überspringt und sich die leiber formt«, wartete George auf »der toten zurückkunft«, mit der das neue Leben beginnt.

Noch einmal wandte sich also George, der Alternde und Gereifte, der Dichter, den Krieg und Nach-Krieg zu schmerzlicher Erkenntnis der Wirklichkeit zwangen, von dieser ab und einem irrealen Reiche zu. Obwohl aus der Welt des Nur-Schönen, in die sich der junge George geflüchtet hatte, die eschatologische Vision eines Jüngsten Gerichtes geworden war, und damit aus dem schönheitstrunkenen und versponnenen Ästheten der Künder einer »ewe«, konnte George dennoch mit Recht am Abend seines Werkes sagen:

»Was ich noch sinne, was ich noch füge
Trägt die selben züge«

– die Züge einer unnahbaren Abgezogenheit von der äußeren, der allgemeinen Wirklichkeit.

Und wenn irgendwo eine präfaschistische objektive Funktion dem Werke Georges zukäme, hier in dieser Abgezogenheit müßten eben ihre Wurzeln gesucht werden. Denn auf andere übertragen, mag diese Abgezogenheit tatsächlich zur Ablenkung von der Wirklichkeit führen und den Willen zu ihrer Veränderung und Verbesserung paralysieren.

Für die Entwicklung und vor allem für das Heraufkommen des Faschismus aber war dies alles nicht von Belang. Wir wissen es, und es bedarf das allen Bekannte hier keiner kritischen Ausführung: die trüben Quellen, aus denen der Faschismus gespeist wurde, waren ganz andere als die Wasser der Georgeschen Dichtung. Das Quellgebiet des Faschismus liegt nicht auf dem Berge, zu dem »ein greis« den Dichter im Rat für das Volk sendet:

»Geh noch einmal zum berg zu deinen geistern
Und bring uns tröstlicheren spruch, der löse
aus dieser trübsal!«

Im Anfang des *deutschen* Faschismus stand als treibende Kraft einzig der Judenhaß. Er blieb der klare, durchführbare und durchgeführte Programmpunkt des Hitlerismus. Alles andere am Hitler-Faschismus ist variabel und kann von der Tagesordnung verschwinden oder wieder aufgenommen werden, je nachdem es gerade opportun scheint. Der Haß gegen die Juden (die gemäß Hitlers pathologischer Sicht der Verhältnisse in einer unlösbaren Symbiose mit dem Kommunismus leben), das ist das Herzstück des Nationalsozialismus. Daß dieser Judenhaß alle anderen reaktionären Erscheinungen des heutigen Fa-

schismus nach sich zog und ziehen mußte, ist den Einsichtigen offenbar und kann im Rahmen dieser literarhistorischen Untersuchung nicht Raum finden.
Und in diesem entscheidenden Punkt konnte der Nazismus sich der Eideshilfe Georges bestimmt nicht versichern.
Die bekannte Freundschaft Georges mit dem jüdisch-*zionistischen* Dichter Karl Wolfskehl kann nicht als Zufall angesprochen werden. Gemeinsam mit diesem treuesten Freund gab George seine Auswahlbände deutscher Dichtung heraus, der Name dieses Dichters steht am Eingang der *Bücher der Hirten- und Preisgedichte, der Sagen und Sänge und der hängenden Gärten.* War Wolfskehl (neben Carl August Klein) Georges nächster »Waffenbruder«, so wurde Gundolf der von seinem Meister autorisierte Interpret seiner Dichtung.
Wolfskehl und Gundolf waren aber nicht die einzigen Juden des George-Kreises. Es ist hier noch des frühverstorbenen Perls zu gedenken, dem George im *Siebenten Ring* eine Grabschrift von unvergänglicher Schönheit setzte, und des Halbjuden Hugo von Hofmannsthal, den Franck zu Unrecht den einzigen Dichter des Kreises nannte. Das Unrecht beging der Kritiker vor allem an Wolfskehl, von dem gerade in den letzten Jahren Verse von großer Reinheit und starker Gesinnung erschienen. Auch Georg Bondi, der Berliner jüdische Verleger Georges und der *Blätter für die Kunst,* muß hier genannt werden.
Als sich Stefan George um die Jahrhundertwende dazu entschloß, seine Versbücher, die bis dahin nur in Privatdrucken einem kleinen Kreise der Freunde zugänglich waren, in öffentlichen Ausgaben in den Buchhandel gelangen zu lassen, bewarben sich gleichzeitig zwei Verlage um das Werk des Dichters: der damals bereits eingeführte Jenaer Verlag Eugen Diederichs und das noch unbekannte Unternehmen Georg Bondis. Der persönliche Eindruck, den Bondi bei der ersten Begegnung auf George machte, entschied, und so kam es, daß es einem jüdischen Verleger vorbehalten blieb, Diener am Worte Georges zu werden.
In seiner abgezogen-indirekten Art hat sich George auch selbst

zum deutsch-jüdischen Problem geäußert – in Worten freilich, die im Dritten Reich kaum öffentlich zitiert werden dürften:

»Blond oder schwarz demselben schoß entsprungene
Verkannte brüder suchend euch und hassend
Du immer schweigend und drum nie erfüllt.«

Georges Haltung gegenüber Juden und Judentum (auch das Einbeziehen alttestamentlichen Erbes in seiner Dichtung gehört hierher) macht seine »Ahnherrschaft des Nationalsozialismus« unmöglich.

Die Vermutung, daß George durch das Beispiel seiner Flucht in die Un-Wirklichkeit *indirekt* dem Faschismus Vorschub leistete, tritt gegenüber den hier verzeichneten Tatsachen in die Wesenlosigkeit zurück.

Der sogenannte »Kulturfaschismus«, in dem antifaschistische Kritiker Erbstücke Georgescher Dichtung aufspüren, ist in Wahrheit nichts anderes als der (von den Faschisten selbst als drittrangig empfundene) Überbau einer vom Haß getriebenen atavistischen Gruppenerscheinung. Dieser sogenannte Kulturfaschismus ist das breiige Gemisch aus den Rudimenten einer bürgerlichen Kultur von gestern und vorgestern. Es liegt im eklektizistischen Wesen dieser Schein-Kultur, daß sie alles aufgreift, was ihr Renommee lassen kann. Es kommt ihr dabei nicht darauf an, eine innere Einheit zu schaffen, vielmehr schlingt sie unbedenklich die heterogensten Kulturäußerungen in sich hinein. Auf dieser Streifjagd nach Paradestücken griffen die Faschisten auch mit unreiner Hand nach dem Werk Georges. Aber die Reinheit dieses Werkes selbst schützte es vor einer langandauernden Verfälschung durch die Faschisten. Diese »starke schönheit« war für sie unverdaulich. Nur so setzte im Dritten Reich jenes Totschweigen Georges ein, das wir eingangs erwähnten.

Ich komme zum letzten, oder – genauer gesagt – ich kehre zum Ausgangspunkt dieser Erörterung zurück, zu unserer Frage: Können wir, die aus Deutschland emigrierten Antifaschisten, das Erbe Georges antreten?

Wie wichtig diese Frage ist, wird sofort klar, wenn man sich vor Augen hält, daß in Deutschland jede freie Stellungnahme ausgeschlossen ist, und das Werk Georges der Vergessenheit preisgegeben werden kann, wenn es Herrn Goebbels und vor allem Herrn Baldur von Schirach so gefällt: Freilich, in einem »geheimen Deutschland« wird dieses große Gedicht leben, aber weitere Kreise, vor allem die Jugend, werden den Namen Georges vergessen, ebenso wie sie längst vergessen haben, welche Wirklichkeit hinter pauschal erwähnten Namen wie Goethe, Hölderlin, Schiller, Herder und Klopstock steht.

Es ist schwer in diesem Zusammenhang in einem »Wir« zu sprechen. Wenn ich aber im Geiste durch die Reihen der um die Dichtung bemühten deutschen Emigration gehe, sehe ich manche, und gewiß nicht die unbedeutendsten, in deren Werk der Einfluß Georges, vor allem in sprachlicher Hinsicht unverkennbar ist. Manche Jüngere, wie etwa Klaus Mann, bekannten sich auch öffentlich in dankbarer Verehrung zu dem großen Lehrmeister, der Stefan George war. Und doch gibt es für den weitaus größten Teil der jüngeren Vertreter einer freien deutschen Literatur unserer Zeit, in einem verstärkten Sinne, was George selbst in dem Gedicht *Den brüdern* im *Teppich des Lebens* bekannte:

»Bis wir bemerkt wie nahe wir lebend waren
Da schlossen wir uns stärkeren trieben bei.«

Ja, als das Leben selbst für uns in Frage gestellt war, als sich uns jeder Lebensraum feindlich verschloß und sich uns die Lebensmöglichkeiten mehr und mehr entzogen ... da bemerkten wir, »wie nahe wir lebend waren« und wie ferne der Problematik unseres hart gewordenen Lebens die Welt Georges gerückt war. »Da schlossen wir uns stärkeren trieben bei.«

George hat keine Erben in der jüngeren Generation hinterlassen. Und dennoch ist die heutige freie deutsche Literatur nicht denkbar ohne das Werk Georges, das die größte und weitreichendste Katharsis der deutschen Sprache in unseren Tagen bewirkt. Hierin ist dieses Werk dem Klopstocks vergleichbar.

Was Platen am Schlusse seines *Romantischen Oedipus* über Klopstock sagte:

> »Zwar starr noch und herb und zuweilen versteint, auch nicht jedwedem genießbar«,

gilt auch für George, vor allem für den späteren. Doch neben den starren, in einem Zuviel an Haltung und Zucht zuweilen erstarrten Versen gelangen George immer wieder, gerade wenn er sich des prophetischen Ausspruchs begab, Lieder von zwingender Schönheit, die zum Alleredelsten deutscher Lyrik zählen und Bestand haben werden, so lange es eine deutsche Sprache geben wird.

Das Erbe *dieses* Dichters, des Lyrikers des *Jahr der Seele,* der späteren *Lieder,* gilt es anzutreten; ihm wird unsere Liebe gehören und unsere Bewunderung, auch heute in »Zeiten der Wirren«. Wir werden dieses reiche Gut hinüberretten über die Sturmtage der deutschen Sintflut, die Deutschland überschwemmte und – eine ungeheuerlich sich ergießende Kloake – die Welt, unsere Welt, zu ersaufen droht in ihren eklen Fluten.

Thomas Mann

»Nur der Körper eignet jenen Mächten,
Die das dunkle Schicksal flechten,
Aber frei von jeder Zeitgewalt,
Die Gespielin seliger Naturen,
Wandelt oben in des Lichtes Fluren
Göttlich unter Göttern die Gestalt.«

Mit diesen klassischen Versen beschwor Thomas Mann noch vor wenigen Wochen – in der zweiten Mai-Hälfte 1955 – in Stuttgart und Weimar die Gestalt, das Unvergängliche Schillers herauf – und nun seien sie ihm selbst zugeeignet, diese Worte von der unzerstörbaren Gestalt des Geistes, die der sich auflösenden Materie spottet.

»Dieser war schon erstanden« sagte Thomas Mann von Schiller. Er meinte, diese Auferstehung habe schon in der Stunde der Grablegung statt gehabt, denn die »Gestalt« Schillers war schon in sein Werk eingegangen, so die Zeiten überdauernd. Es gilt, was der Redner von dem Klassiker sagte, von ihm selbst, den seine Zeit bereits als einen Klassiker empfand: »Nicht gestorben – weil unsterblich« ... dieses Wort Zangwills, in einer großen Sterbestunde unseres Volkes, vor über fünfzig Jahren gesprochen, es drängt sich uns auf in dieser Trauerstunde Europas, dieser Gedenkstunde der Welt.

Ein großer Schriftsteller hat die Feder aus der schreibgeübten Hand gelegt – und dies in einem wörtlich-exakten Sinne, denn all die tausende von gestalteten Seiten des Werkes von Thomas Mann sind in seiner klaren Handschrift konzipiert worden, verschmähte er doch Diktat und Schreibmaschine als inadäquate Werkzeuge seiner individuellen Geistigkeit. Auch die Briefe – jetzt müßte man sie sammeln! – sind zumeist von des Meisters fleißiger Hand direkt aufs Papier gebracht worden, eine Zusatz-Leistung von noch unübersehbaren Ausmaßen.

Ein großer Weltbürger ist aus der Welt gegangen. Wem gehörte

er? Den Deutschen, die ihn verstoßen und seiner akademischen Ehren entkleidet und dann wiederum jubelnd aufgenommen hatten? Den Amerikanern, die ihm Asyl und Bürgerschaft verliehen haben, in deren Mitte er aber, der Muttersprache urverwachsen, nicht heimisch werden konnte? Den Schweizern, deren schönes Zürich seine »letzte Adresse« wurde, wie er selbst melancholisch-klarsichtig an seinem achtzigsten Geburtstag, also vor kurzem, sein Haus bei Zürich benannte? Er gehörte ihnen allen – dem Deutschland seiner Herkunft (nicht dem seiner Vertreibung), dem gastlichen Amerika und der freien Schweiz – aber in einem höheren, wenn auch durchaus begrenzbaren Sinne, gehörte er vor allem: Europa!
Ein großer Europäer ist von uns gegangen. Ein Europäer, der rechtzeitig seine warnende Stimme erhob und: »Achtung Europa!« rief – und Europa, die Welt hörte diese Stimme. Es war keine laute, aber eine eindringliche Stimme, die Stimme des Gewissens und der Gesittung, der Humanität und der Kultur – der bedrohten Menschlichkeit und Bildung. Und es war eine bürgerliche Stimme. Denn, wie er so oft Goethe zitierte:

»Wo käm' die schönste Bildung her
Und wenn sie nicht vom Bürger wär'?«

Das bürgerliche Element gesellt sich zum Weltbürgerlichen, diese Gestalt prägend, in ihrer Subtilität und Ironie, in ihrer Gründlichkeit und Geschlossenheit, das Genie zügelnd, so daß es nie ins Genialische sich ausließ, es zusammenfassend in Zucht und Arbeit zu gewaltiger Leistung, die deutend dauert. Er liebte die exakten, nicht die großen Worte. Das machte, neben der Unübertrefflichkeit seines ganz und gar unübersetzbaren Sprachhumors seine zauberhafte Sprache aus. Zauberhaft war sie, und ein »Zauberberg« wurde so sein ganzes Werk, und es war nicht von ungefähr, daß man ihn im vertrauten Kreis den »Zauberer« nannte.
Ein großer Zauberer ist von uns gegangen. Was machte seine Zauberkunst aus? Wie soll man das in dürre, nachrufende Worte fassen? »Wenn ihr's nicht fühlt, ihr werdet's nie erjagen!« Er

zauberte die fernsten Zeiten von Erzvater Jaakob und seinen Söhnen in unsere Gegenwart und das entrückte Indien der Legenden in unsere Nähe. Er war, fleißig sich vertiefend, in allen Welten und Weltzeiten und verzauberte uns mitten im Alltag – noch ganz zuletzt mit dem heitersten Zauber seines Hochstaplers Felix Krull, in welchem die Künstlerseele ihre tiefsinnige Karikatur fand, wobei das helle Lachen des großen Zauberers uns auf seinem fein gewebten Zauber-Teppich zurück trug in eine Welt von gestern, die weniger tragisch-düster erschien, als unsere bedrohte Welt von heute.

Ein großer Humorist, der uns lachen lehrte, ist von uns gegangen. Und wie alle echten Humoristen hat er viel über das Ende des bedenklichen Spaßes nachgedacht, den man ›Menschenleben‹ nennt: über den Tod.

Nicht nur, daß eine seiner großartigsten Novellen »Der Tod in Venedig« heißt – schon sein erstes großes Werk »Die Buddenbrooks« schließt mit den Gedanken über den Tod und den Sieg des Glaubens über den Tod. Es ist die alte Lehrerin, Sesemi Weichbrodt, die »bebend vor Überzeugung, eine kleine, strafende, begeisterte Prophetin« die Überwindbarkeit des Todes mit ihrem »Es ist so!« bekräftigt und damit Friederikens Wort »Es gibt ein Wiedersehen« legitimiert.

War dieser kindlich-fromme Glaube der Friederike Buddenbrook und der Lehrerin Sesemi Weichbrodt auch der Glaube ihres Dichters? Wir wollen es dahingestellt sein lassen, denn das Allzueinfache, das Nur-Geradlinige war seine Sache nicht. So las er auch das Buch des Glaubens, die Bibel, mit dem skeptischen Blick des wissenden Bildungs-Europäers, aber hinabtauchend in den unendlichen Brunnen der Vergangenheit, kam er als ein Wissender wieder empor, der um die Geheimnisse früher Weisheit und Gotteserkenntnis bereichert, über das »Voltairesche Element« hinaus in »höhere Ränge« der Erkenntnis vorstieß.

So ist er als ein Wissender von uns gegangen.

Vor fast genau zehn Jahren, am 10. August 1945, schrieb der Dichter aus Kalifornien an mich: »Von epigrammatischen Äußerungen Goethes über seine Erdenfahrt ist mir besonders eine vertraut und zugänglich, so daß ich sie mir wohl als Epitaph wünschte:

> Wohl kamst du durch, so ging es allenfalls. –
> Mach's Einer nach und breche nicht den Hals!«

Diese schlichten, aber zutiefst wissenden Worte also hat er sich als Grabschrift gewünscht. Sie sollen hier stehen – als sein Vermächtnis.

Er ›kam durch‹ – durch wie viel Anfechtungen und Mühen, durch wie viel Widerstände der Zeit und des Hasses? Er brach dabei nicht nur nicht »den Hals«, sondern blieb der Heitere, der Gütige, der Besonnene. Er war ein betrachtender Unpolitischer und wurde zu einem kämpferischen politischen Menschen, als es die grausam-harte Zeit forderte und blieb doch, was er war: der Zauberer des Wortes, der Mächtige des Geistes, der große Repräsentant jener Güter des Geistes und des Gemütes, die uns das Leben lebenswert machen: Kultur und Humanität, Humor und Liebe.

Dem seltsamen Geheimnis von Name und Schicksal nachspürend, einem Geheimnis, das auch den Dichter in seiner Joseph-Tetralogie mehr als ein Mal beschäftigte, fühlt man sich, den trauernden Blick auf die unzerstörbare Gestalt gerichtet, gedrängt, Shakespeares zwiefach geprägtes Wort (im »Hamlet« und im »Cäsar«) zusammenfassend auszurufen:

> »Er war ein *Mann,* nehmt alles nur in allem,
> Ich werde nimmer seinesgleichen sehn ...«

Ernst Wiechert

Ernst Wiechert wurde am 18. Mai 1887 im Forsthaus Kleinort, Kreis Sensburg in Ostpreußen geboren und starb am 24. August 1950 auf dem Ruetihof am Zürchersee in der Schweiz. Zwischen diesen Daten liegt ein reiches Dichterleben, dessen Spuren heute leider schon weithin verweht sind. Sein Hauptwerk, der große Roman *Die Jerominkinder,* schließt mit den Worten, die wir in seinem Gedenken hierher setzen wollen: »Ruhe allen Schlafenden und Friede allen Toten!«

Der Dichter, der die Sechzig nur wenig überschritt, ging als ein Vollendeter in die Ewigkeit ein. Nicht nur als Künstler – mehr als das! – als Mensch hat er die klare, von Schicksal und Sendung deutlich vorgezeichnete Bahn ausgeschritten. In diesen wenigen Zeilen von der Hand eines weit Jüngeren, der dem Dichter nur einmal begegnete, aber lange Zeit in brieflichem Kontakt mit ihm stand, soll nicht die Fülle des Wiechertschen Werkes umfaßt werden, wohl aber ist es mein Anliegen, etwas von der stillen Leuchtkraft der sittlichen Persönlichkeit Wiecherts zu vermitteln.

Wenn wir der Toten gedenken und dabei sprechen: »Zaddikej Umoth Ha-Olam jesch lahem Chelek Olam Haba« (die Gerechten der Völker haben Anteil an der kommenden Welt), so steigt Ernst Wiecherts Bild vor mir auf, das gütig-ernste Gesicht des Mannes, um dessen schmallippigen Mund ein feiner Zug, gemischt aus Ironie und Leiden lag, indes die hellen Augen dem Gegenüber bis auf den Grund des Herzens zu blicken scheinen. Wenn der Begriff »Innere Emigration« einen Sinn und einen weithin sichtbaren Repräsentanten hat, so ist dies – Ernst Wiechert.

Als die Nazis in Deutschland begannen, ihr Schreckensreich zu etablieren, hielten Goebbels und die Seinen Ausschau nach deutschen Dichtern, die herausgestellt werden konnten, um die Plätze derer einzunehmen, die schon im Anbruch der gräßlichen Tage das Land verlassen hatten. Es lag für sie nahe, Ernst Wiechert zu einem der Ihrigen umzulügen. Sein Werk trug Züge, die man mit leichter Retouche als verwandte Züge darstellen konnte.

Wälder und Menschen nennt sich die Autobiographie Wiecherts und *Der Wald* sein Jugendwerk. Die tiefen, dunklen Wälder seiner ostpreußischen Heimat und ihre schwarzen Seen bildeten die Landschaft seines Werkes und das Rauschen uralter Bäume die geheimnisvolle Melodie seiner Dichtung. Wiechert war kein intellektualistischer Schriftsteller der Großstadt, er schuf aus dem Unbewußten, aus Kindheitserinnerung und Wachtraum des Blutes.

All das schien den braunen Herren geeignet für ihre Kulturpropaganda. Daß der Ostpreuße Wiechert neben dem Bayern Hans Carossa und dem Schweizer Hermann Hesse die reinste und edelste deutsche Prosa schrieb, das merkten unter den wilden Marktschreiern des Kulturbetriebes wohl nur wenige, daß der Dichter aber die Stimme des Blutes stets maß am Worte Gottes, wie es ihm über seine protestantischen Vorfahren aus seiner Bibel sprach, das überhörten sie ganz. Und doch waren Worte wie Jesaja 32,1–19, die vom gerechten Herrscher sprechen, der für jedermann Schutz und Zuflucht verbürgt, »und das Recht wird in der Wüste wohnen und die Gerechtigkeit auf dem Akker«, die immer wiederkehrenden Leitworte des Dichters.

So konnte und wollte, so durfte er nicht mit einem Pack paktieren, das die Gerechtigkeit vom Acker vertrieben hatte, und er tat es nicht. Die kleinen Fürsten der korrupten Naziwelt legten ihm alle ihre Verlockungen zu Füßen, aber Wiechert widerstand.

1932 war sein Roman *Die Magd des Jürgen Doskocil* mit dem Wilhelm-Raabe-Preis ausgezeichnet worden, und schon ein Jahr später bemühten sich die Goebellinen, den Autor zum »Dichter des Neuen Deutschland« zu machen. Aber Wiechert sprach in diesem Jahre des Unheils vor den Studenten der Münchener Universität eine deutliche Sprache. Die Rede *Der Dichter und die Jugend* liegt im Druck vor und zeigt, daß Wiechert

von Anfang an sein klares »Nein« dem Nazi-Unwesen entgegensetzte.
Aber das Liebeswerben um ihn hörte noch nicht auf. 1935 sprach er nochmals vor den Studenten, nunmehr schon so deutlich, daß die Rede nicht mehr im Druck erscheinen durfte und nur aufgrund ins Ausland geschmuggelter Stenogramme in der Presse der Emigration erschien. Wiechert, der ursprünglich Gymnasiallehrer in Königsberg und Berlin war, versuchte als Erzieher immer wieder auf die deutsche Jugend einzuwirken und sie zur Besinnung aufzurufen, aber es war sein Los, die Stimme eines Predigers in der Wüste zu sein.
Der Argwohn der Mächtigen wurde erweckt, und sie begannen, ihn von der Gestapo beschatten zu lassen. Als Wiechert 1937 in öffentlichen Vorlesungen aus seiner gleichnishaften indischen Legende *Der Weiße Büffel* das Thema Recht und Gerechtigkeit behandelte, kam es zu Zwischenrufen und Störungen, und dem Dichter wurden Auslandsreisen verboten. Wiechert schwieg nicht. Im Dezember 1937 schrieb er an Goebbels: »Ich bin überzeugt, daß der einfachste Hütejunge aus meiner Heimat mehr Takt und Kultur gezeigt haben würde als die Beamten der höchsten Kulturbehörde des Dritten Reiches.« Goebbels antwortete nicht, aber Wiechert schrieb weiter. Im Februar 1938 protestierte er öffentlich gegen die Behandlung des Pfarrers Niemöller.
Das war zu viel. SS-Schergen erschienen in dem stillen Haus zu Ambach am Starnberger See, wohin sich der Dichter zurückgezogen hatte, und verschleppten ihn in das Konzentrationslager Buchenwald, das Wiechert dann später so unvergeßlich in seinem Buch *Der Totenwald* schilderte: »Den Toten zum Gedächtnis, den Lebenden zur Schande, den Kommenden zur Mahnung«. Im Herbst 1938 wurde er aus dem Lager entlassen und Goebbels vorgeführt, der ihm wörtlich sagte: »Wir wissen, daß Ihr Einfluß auf die Jugend groß und gefährlich ist. Sollten Sie noch ein einziges Wort gegen unseren Staat sprechen oder schreiben, so werden Sie noch einmal ins Lager kommen. Und zwar auf Lebenszeit und mit dem Ziel Ihrer physischen Ver-

nichtung.« Da stand Wiechert – ein Gewissen gegen die Gewalt – und beschloß, schweigend zu sprechen. 1939 konnte noch sein vorher verfaßtes Buch *Das einfache Leben* erscheinen, dann verstummte der Dichter, bewacht von der Gestapo, bis 1945 der braune Spuk zu Ende war. Aber er warf Saat auf Hoffnung aus, er arbeitete unablässig weiter und vergrub seine Manuskripte heimlich im Garten. Buchstäblich wie Saatkörner legte er sein Werk in die treue Erde, die es bewahrte, und als die Wolken des Unheils vertrieben waren, ging die reiche Ernte auf.

In rascher Folge erschienen nach Kriegsende gleichzeitig in der Schweiz und in Deutschland seine *Totenmesse,* in der er der Gemarterten gedachte, »allen toten Söhnen«, seine *Jerominkinder,* der *Totenwald,* in welchem er auch den gequälten jüdischen Häftlingen ein Denkmal setzte, zwei Märchenbände und vieles andere. In der bitteren Komödie *Die Unsterblichen* geißelte er die deutsche Anschmeißerei an die Amerikaner und zeichnete das abstoßende Bild eines Ex-Nazi, der sofort bei den Feinden von gestern wieder obenauf ist, keine Gesinnung verratend, da er nie eine hatte.

In Reden und Aufsätzen rief Wiechert zur Umkehr auf. Sein schönes Gedicht *Am Abend zu beten,* das für Tausende zu einem treuen Begleiter ihres Lebens wurde, enthält das Schuldbekenntnis der Deutschen:

»Nun lassen Habe wir und Haus,
wir ziehen unsere Schuhe aus
und gehn mit nackten Füßen.
Wir säten Tod und säten Qual,
auf unseren Stirnen brennt das Mal,
wir büßen, wir büßen.«

Er schloß 1945 seine *Rede an die deutsche Jugend* mit diesen wundervollen Bußversen, aber die Deutschen wollten diese Melodie nicht hören. Tausende horchten zwar auf, aber Zehntausende widersprachen. Auf Hof Gagert über Wolfratshausen, wo der Dichter seit 1936 lebte, kam es zu Tumultszenen, man warf ihm die Fenster seiner Studierstube ein, bedrohte ihn. Er ließ sich nicht einschüchtern, getreu der Goetheschen Maxime, die er sich gewählt hatte:

»Komm, wir wollen versprechen
Rettung aus dem tiefsten Schmerz ...
Säulen, Pfeiler kann man brechen,
Aber nicht ein freies Herz.«

Säulen und Pfeiler seines Hauses wurden ihm vom aufgebrachten Pöbel gebrochen, aber nicht sein freies Herz. Freilich ging er, krank an Körper und Seele, in die Schweiz, das weit und tief blickende Auge auf sein innerlich und äußerlich verwüstetes Land gerichtet, in dem er gelehrt und gemahnt hatte als ein »getreuer Johannes«.

Das kostbarste Buch, das Ernst Wiechert uns hinterlassen hat, ist sein in seinem Todesjahr erschienener Roman *Missa sine Nomine,* mit dem er sich selbst ein Totenmal gesetzt hat. Hier ist mir vor allem auch die Gestalt eines überlebenden Juden in Erinnerung, der nicht den Haß, sondern die Vergebung repräsentiert. Aus diesem Schmerzensmann spricht der Dichter selbst, dessen Stimme aus der Stille – Stille ist ein Leitwort im Werke Wiecherts – über den lauten Stimmen der Zeit nicht überhört werden darf.

III
Im Licht der Lehre

Martin Buber

Ein Vierteljahrhundert nach dem Tode eines Mannes, der zu den formenden Geistern seiner Zeit gehörte, läßt sich ein Fazit ziehen: Was ist von der Bemühung des Autors geblieben?
Raphael Buber, der einzige Sohn Martin Bubers, der nach dem Tode seines Vaters dessen Nachlaß verwaltete, machte darauf aufmerksam, daß Bubers Werke in zwanzig Sprachen übersetzt vorliegen. Das ist sicher ein Kriterium, das auf die Nachwirkung hinweist, aber natürlich nur ein äußeres Merkmal darstellt; viel schwieriger ist es, etwas über eine Innenwirkung auszusagen.
Martin Buber wurde am 8. Februar 1878 in Wien geboren und starb am 13. Juni 1965 in Jerusalem. Zwischen diesen Anfangs- und Endstationen seines langen Lebens liegen die Jahre in Berlin und Heppenheim an der Bergstraße, und seit 1938 schließlich die Jerusalemer Zeit.
Buber lehnte es zeitlebens ab, als Emigrant bezeichnet zu werden, da seine Übersiedlung nach Jerusalem seinem Lebensprogramm entsprach, wenngleich die Ungunst der Verhältnisse in Deutschland die Auswanderung in das Land Israel beschleunigte. Allerdings harrte Buber in Deutschland lange aus, leitete er doch die Mittelstelle für jüdische Erwachsenenbildung in Frankfurt am Main, wo sich eine Art geistiger Widerstand gegen das NS-Gewaltregime formierte. Diese Jahre eines Terrassenbaus, wie Bubers Mitarbeiter Ernst Simon diesen Versuch nannte, den deutschen Juden einen geistig-moralischen Halt zu schaffen, sind heute vergessen, gehören ganz der Vergangenheit an.
Bubers Erbe aber zeigt sich zunächst in drei Kreisen: da ist erzählend und deutend die Arbeit am Chassidismus, exegetisch die Arbeit an der Bibel durch die Verdeutschung der Schrift und philosophisch das Werk der Dialogik.
Schon die Aufzählung dieser Wirkungskreise zeigt seine Proble-

matik, die sich bereits zu Bubers Lebzeiten andeutete. Die Wirkungsmöglichkeit außerhalb Israels stellt sich größer dar als im Inneren, so daß sich das hebräische Sprichwort: »Kein Prophet gilt in seiner Stadt«, bewahrheitet, das sich auch im Neuen Testament (Mt. 13,57) findet.

Bubers Deutung des Chassidismus stellt sicher keine historische Darstellung dar, sondern bleibt die individuelle dichterische Vision, die, von einem Jugenderlebnis getragen, spätere Erkenntnisse mit geschichtlichen Fakten verbindet. So ist es Buber gelungen, die Botschaft des Chassidismus in die westliche Welt zu tragen, seines Chassidismus, der nicht immer der Konfrontation mit der noch heute gegebenen Realität des Chassidismus standhält. Diese Problematik zeigt sich vor allem in Israel (und in New York), wo die Reste des osteuropäischen Chassidismus, unter der Führung verschiedener Rabbis, zu neuer Wirklichkeit erwuchsen.

Diese Wirklichkeit läßt sich mit Bubers Darstellung nicht vereinen. Während sich bei ihm die Tiefe des Glaubens und die Weite des Herzens in den Erzählungen der Chassidim spiegeln, erleben wir ein politisch engagiertes, ritualistisch verhärtetes Ghetto-Judentum im Chassidismus von heute.

In Ländern, in welchen es kein chassidisches Milieu gibt, wird Bubers Chassidismus unreflektiert akzeptiert, in Israel aber, und großenteils auch in Amerika, stellt sich die Realität hemmend gegen die Vision.

Die Arbeit an der Bibel ist sehr stark auf den deutschen Sprachraum hinzentriert, da Jahrzehnte im Leben Martin Bubers der Verdeutschung der Schrift galten, die er noch mit Franz Rosenzweig begonnen und allein im hohen Alter in Jerusalem beendet hat.

Gershom Scholem bezeichnete dieses Werk der Übersetzung der hebräischen Bibel in eine sehr eigenwillige deutsche Version, die dem Urgestein des hebräischen massoretischen Textes so nahe wie möglich kommt, als eine Art Abschiedsgeschenk des deutschen Judentums an das Land, das seine tiefverwurzelten Juden vertrieben hat.

Es versteht sich von selbst, daß dieser deutende und klärende Versuch, die hebräische Bibel dem deutschen Leser nahezubringen, in seiner Wirkung auf den deutschen Sprachraum begrenzt bleiben muß.
Es gab freilich den Versuch, Bubers Erkenntnis, die schon der Kirchenvater Hieronymus angedeutet hat, daß den hebräischen Texten der Bibel eine rhythmische Gliederung im Sinne der Atemkolen zugrundeliegt, auf eine Ausgabe des hebräischen Textes selbst zu übertragen.
In den Niederlanden bemühte man sich um eine Übersetzung anhand des Buberschen Vorbildes, und auf das Neue Testament wirkte sich Bubers Vorbild in der Übersetzung von Fridolin Stier aus.
Im wesentlichen aber bleibt eine Verdeutschung der Schrift in ihrem Wirkungskreis begrenzt. Der ursprüngliche Adressat ist nicht mehr zu erreichen: Buber und Rosenzweig wollten dem post-assimilatorischen deutschen Juden seine hebräische Bibel wieder nahebringen. Dieses deutsche Judentum gibt es nicht mehr. Dennoch wirkt die Verdeutschung nach; vor allem sind es jüngere christliche Theologen beider Konfessionen, die durch Bubers Übersetzung neue Zugänge zur hebräischen Bibel suchen und finden.
Das gilt auch für die exegetischen Bücher Bubers, vom *Königtum Gottes* über *Der Glaube der Propheten,* bis zu *Mose,* und schließlich für das einzige Buch, in welchem sich Buber mit dem Christentum auseinandersetzt, *Zwei Glaubensweisen.*
Wenn auch ein Großteil dieser deutenden Versuche Bubers in hebräischer Übersetzung vorliegt, so ist doch in Israel wenig von einer tieferen Nachwirkung zu erkennen. Die sogenannte Jerusalemer Schule, die sich sehr stark von archäologischen Gesichtspunkten leiten läßt, hat die Position Bubers, zwischen Bibelkritik und gläubigem Verständnis, nicht verarbeitet. An theologischen Seminaren des Auslandes, christlichen und jüdischen, ist mehr vom Erbe Bubers zu spüren als an der Hebräischen Universität in Jerusalem, deren Lehrkörper er selbst angehörte.

Auch das philosophische Werk Bubers wirkt vor allem in Deutschland weit stärker nach als in Israel. Das hängt nicht zuletzt damit zusammen, daß Bubers Dialogik Sprachphilosophie bleibt.
Buber, dieser prägende Denker des Judentums, war mit der deutschen Sprache so tief verbunden, daß er nur schwer ins Hebräische übersetzbar blieb. In dem philosophischen Grundwerk Bubers, *Ich und Du,* findet eine Teilung der Weltbeziehung in die Ich-Du-Relation und die Ich-Es-Relation statt, wobei der wahre Bezug in der Ich-Du-Beziehung gesehen wird. »Ich« und »Du« ließen sich unschwer ins Hebräische übersetzen, aber ein »Es« gibt es im Hebräischen, das kein Neutrum kennt, nicht. Es mußte daher mühselig eine Umschreibung gefunden werden, die nicht mehr diese klare Gliederung bietet, von der das Original ausgeht.
Obwohl Buber so unlöslich tief mit der deutschen Sprache verbunden war (in den letzten Tagen seines Lebens sprach er nur noch deutsch), wuchs er doch andererseits so tief in die hebräische Sprache hinein, daß er seinen einzigen Roman, die chassidische Chronik *Gog und Magog,* zuerst in hebräischer Sprache schrieb und erst dann selbst ins Deutsche übersetzte.
Buber machte darauf aufmerksam, daß solches Übersetzen nie wörtlich vor sich gehen konnte, denn was dem westlichen Leser unbekannt ist, stellt sich dem hebräischen Leser oft als selbstverständlich dar; indessen bedarf dieser wiederum Hinweise auf Begriffe und Zusammenhänge, die dem gebildeten Europäer vertraut sind.
Bubers Dialogik ist ein Vermächtnis für unsere Zeit. Seine Entdeckung des *Du* für die Philosophie, und damit auch für die Theologie, markiert insofern eine Wende, da im Idealismus das Du zu sehr in den Hintergrund gerückt wurde, um einer monologischen Position Raum zu schaffen.
Im heutigen Zeitalter der Massenmedien aber kommt es wiederum auf die Entdeckung des *Ich* an. In dieser Situation gewinnt Bubers Dialogik als philosophische Position zwischen Idealismus und Existentialismus aktuelle Bedeutung.

Das wesentliche aber ist Bubers Grundposition, die soweit ich sehe, eigentlich keine Nachfolge erfahren hat, der hebräische Humanismus. Bedeutende Zeitgenossen Bubers haben diese Position nicht nur mit ihm geteilt, sondern sind ihm sogar vorangegangen, so der Kulturphilosoph Achad Haam (1865–1927) und der hebräische Dichter und Sammler des jüdischen Sagengutes, Chaim Nachman Bialik (1873–1934) und der hebräische Mythologe Micha Josef Bin Gorion (1865–1921); auch Jakob Klatzkin (1882–1948), der ein rein säkulares Judentum vertrat und nicht zufällig Spinozas »Ethik« ins Hebräische übersetzte, wäre hier zu nennen.
Martin Bubers Biographin, Grete Schäder, hat ihre umfassende Darstellung 1966 mit dem Untertitel »Hebräischer Humanismus« versehen und damit die Wegrichtung Bubers angedeutet. In seinem Falle ist allerdings zu ergänzen, daß es sich um einen religiösen Humanismus handelt.
Bubers Absage an jede institutionalisierte Religion, die auch als religiöse Abstinenz bezeichnet wurde, stieß in Israel, aber auch in weiten Teilen des Weltjudentums, auf wenig Verständnis. Da sich das Judentum vorwiegend als Religion der Tat versteht, und die kultischen Vorschriften als »Gebote der Tat« (Mizwoth ma'assioth) bezeichnet werden, wurde Bubers einseitige Betonung des »Geist des Judentums« nicht rezipiert.
Bubers Einstellung erhellt, daß er die »Lehre der Propheten« über die Thora, die Fünf Bücher Mose stellte, die ihm zwar die Weisung waren, aber doch unter Ausklammerung des Priester-Kodex mit seinen Ritualien.
Auch Bubers Beziehung zum Chassidismus wurde oft mißverstanden. Christliche Leser vermuteten fälschlich, daß Buber selbst ein Chassid war. Seine kleine autobiographische Skizze aus der Frühzeit, *Mein Weg zum Chassidismus*, gab zu Mißverständnissen Anlaß. Buber war aber in seiner Lebensführung vom historischen Chassidismus, der bis in unsere Zeit hineinreicht, weit entfernt, verstand sich nur als Chronist und Deuter eines Chassidismus, den er als weltoffene Frömmigkeit empfand.

In seiner romanhaften chassidischen Chronik *Gog und Magog* hat er in der Gestalt eines Apothekers, der ein Freund der Chassidim, aber selbst kein Chassid ist, eine Art Selbstporträt gegeben.

Zu wenig beachtet wurde Bubers politisches Engagement in der Außenwelt; auch hier obwalten die Mißverständnisse. Buber war Zionist, von Jugend an, aber immer in oppositioneller Position gegen die offizielle Leitung, schon zu Lebzeiten Herzls, des Begründers des politischen Zionismus und der Zionistischen Weltorganisation.

Es ist ein Zweifaches, das die oppositionelle Haltung Bubers auslöste. Nicht der Judenstaat war für ihn das Ziel des Zionismus, sondern die Erneuerung des jüdischen Menschen, des Judentums selbst. Das stellte die erste Phase dar. Die zweite ergab sich für ihn seit Beginn der zwanziger Jahre aus der arabischen Frage. Buber wurde es klar, daß die Orientierung auf die Großmächte, erst England, dann Amerika, eine Fehlhaltung darstellt, denn sie sind wechselnde Größen, während der arabische Faktor das Bleibende darstellt und zum Partner gewandelt werden muß. So setzten seine Bemühungen in dieser Richtung in der Organisation des »Ichud« ein, die leider nicht von Erfolg gekrönt waren.

Während die offizielle Politik des Zionismus nach dem Zweiten Weltkrieg und der Katastrophe des Holocaust auf die Errichtung des Staates Israel abzielte, vertrat Buber publizistisch und vor internationalen Kommissionen die Konzeption eines binationalen Staates von Juden und Arabern. Hätten damals, in den Jahren der Entscheidung, zwischen 1945 und 1948, Juden und Araber auf die warnende Stimme Bubers gehört, wäre viel Blutvergießen vermieden worden. Der einsame Rufer in der Wüste des Völkerhasses erinnerte mich an das Klagewort Jesu:

> »Jerusalem, Jerusalem, das da tötet die Propheten und steinigt die zu ihm Gesandten! Wie oft habe ich deine Kinder sammeln wollen, wie eine Glucke ihre Küken unter den Flügeln sammelt – doch ihr habt nicht gewollt.« (Matthäus 23, 34 in der Übersetzung von Fridolin Stier)

Es ist das Verdienst eines jüngeren Jerusalemer Universitätsprofessors, Paul Mendes-Flor, Bubers politische Schriften unter dem Sammeltitel *Ein Land und zwei Völker* herausgegeben zu haben, ein historisches Vermächtnis, das leider Literatur geblieben ist.

Um ein Fortwirken von Bubers Grundimpulsen in der neuen Generation Israels hat sich vor allem Abraham Schapira verdient gemacht. In der Bewegung »Friede Jetzt«, die sich um einen Ausgleich mit den Arabern im Kernland Israels und in den besetzten Gebieten von Judäa, Samaria und dem Gasastreifen bemüht, wirkt – meist ungenannt – Bubers Initiative fort.

25 Jahre nach dem Tode Bubers kann man feststellen, daß die Saat auf Hoffnung, die er ausgestreut hat, zwar nicht vergeblich blieb, aber nicht die Frucht trug, die der Bemühung angemessen scheint. Es gibt heute keine Schule Bubers, wohl aber Vereinzelte in vielen Teilen der Welt, für die Buber Richtung gebend bleibt.

Die Dialogik ist aus der Geschichte der Philosophie des 20. Jahrhunderts nicht mehr wegzudenken, und ihr bekanntester Wortführer blieb Martin Buber. Das Verständnis der hebräischen Bibel wurde durch Bubers, mit Franz Rosenzweig begonnenen, Verdeutschung vertieft, seine Exegese, die nie hinter den Text zurückgehen will, bleibt eine Herausforderung für die alttestamentliche Wissenschaft; die Botschaft des Chassidismus wurde nur durch ihn in die westliche Welt getragen, und es gab Stimmen, die Bubers *Erzählungen der Chassidim* zu den kanonischen Schriften der Religion rechnen wollen – und schließlich wird die mahnende Stimme Bubers im Bereich der Politik aus dem Glauben wieder neu gehört.

Ein Fazit nach einem Vierteljahrhundert besagt, daß die Botschaft Bubers nicht vergessen, aber auch nicht verwirklicht ist.

Franz Rosenzweig

Anfang Mai 1926 hatte der berühmte Berliner Rabbiner Dr. Leo Baeck, eine frühere Anregung des verstorbenen Lehrers Franz Rosenzweigs, Rabbiner Nobel, aufgreifend, an den bereits schwerkranken Rosenzweig die Anfrage gerichtet, ob er ihm den rabbinischen Ehrentitel eines »Morenu« zuerkennen dürfe. In einem rührenden Brief dankte Rosenzweig für das Anerbieten, daß er schließlich – im Hinblick auf seinen kleinen Sohn – auch annahm. Aber ehe diese Annahme erfolgt, erinnert Rosenzweig doch an alle seine Bedenken gegen die ›unverdiente Ehrung‹. Indessen finden sich an dieser aufschlußreichen Briefstelle hart neben demütiger Selbstverleugnung Worte, die uns erkennen lassen, wie erfüllt Rosenzweig von der Zukunftsträchtigkeit seines Werkes und Wirkens war: »Wenn ich mir etwa denken sollte, in dem Minjan [Gebetszirkel], das immer am Sabbatvormittag zu mir kommt und wo die meisten mir an jüdischem Wissen weit überlegen sind, als ›Morenu‹ behandelt zu werden, so lächert mich das selber. Und die guten Jungen, für die ich ihr Mitschüler bei Nobel bin und weiter nichts, erst recht. Und *daß ich einmal wirklich ihr und ihrer Nachkommen Lehrer sein werde, das wissen sie allermeist nicht.*«
Franz Rosenzweig wurde wirklich »Morenu«, unser Lehrer. *Daß* er es werden konnte in einer Zeit, in der das Judentum, das er selbst gekannt und angeredet hatte, grimmig aus dem Lande und dem Kulturkreis verjagt wurde, in dem Rosenzweig lebte, litt und lehrte, das beweist uns, daß er »Morenu«, unser Erzieher, von allem Anfang seiner Arbeit war, in einem wesenhaften Sinne, dem die Veränderung unserer Umwelt nichts anhaben konnte. Wären die Jahre, die seit dem Tode Rosenzweigs verflossen sind, von anderer, gütigerer und sanfterer Art für uns gewesen – so könnte das nicht gesagt werden. Aber *diese* Jahre haben gezeigt, daß Rosenzweig, wiewohl er mit der ganzen Weite seiner Persönlichkeit dem »Zweistromland« seiner Her-

kunft, dem deutschen Judentum verhaftet blieb, »Morenu« in einem weiteren, in einem schlechthin jüdischen Sinne war. Freilich ist der Kreis derer, die um diesen »Morenu« wissen, noch relativ klein, denn noch ist sein Hauptwerk: *Der Stern der Erlösung* in der Galuth der deutschen und das heißt, jüdisch gesprochen, eben der fremden Sprache. Aber es wird heimgeholt werden, und dann erst wird es sich erweisen, wie sehr dieser deutsche Jude aus dem assimilierten Kasseler Patrizierhaus, der von Hegel und dem deutschen Idealismus ausging und hart am Rande des Taufbeckens gestanden hatte, »Morenu« wurde, unser aller Lehrer und Erzieher. Nicht erst, wenn sein religionsphilosophisches Buch *Der Stern der Erlösung* seinen Ibn Tibbon gefunden haben wird, sondern vor allem auch, wenn seine nun bereits übertragenen *Kleineren Schriften* (Berlin 1937, Schocken Verlag) dem hebräischen Leserkreis vertraut sein werden. Edith Rosenzweig, die Witwe des Philosophen, die gemeinsam mit dem Verlag für die Herausgabe der Essays verantwortlich zeichnete, hat dies im Vorwort zu der bedeutsamen Sammlung erkannt: Auf den Mangel an »unmittelbarer Aktualität« mancher dieser Aufsätze verweisend, schreibt sie: »Nun aber bricht gerade in der Zeitgebundenheit dieser Pläne und Entwürfe, in der Art, wie hier auf Zeitfragen und Notlagen geantwortet wurde, eine für uns beispielhafte geistige Haltung durch, die diese Arbeiten in exemplarischer Weise gegenwartsnah und zukunftsträchtig wirken läßt.« Wie sehr dies nicht zuletzt für Israel gilt, sei hier erörtert und nachgewiesen. Nichts würde diesem einzig auf das Sachliche, die »Sache« des Judentums ausgerichteten Denker weniger gerecht als jener Kult, der – genährt durch die Geschichte seines heroisch ertragenen Leidens – heute mancherorts mit seiner Person getrieben wird und jede kritische Auseinandersetzung erschwert und verwehrt.

In sieben Kreisen sind die Aufsätze Rosenzweigs in ihrer uns vorliegenden Sammlung angeordnet: »Vom jüdischen Sein«, »Zur jüdischen Erziehung«, »Sprache und Gehalt der Schrift« (Bibel), »Zu Übersetzungen«, »Vom alten zum neuen Denken«, »Zeit- und Bildungsfragen«, »Besprechungen und Antworten«.

II.

Diese Siebenheit der Themenkreise entspricht wirklich der Gestalt Rosenzweigs, wie sie im Werk sichtbar wurde. Die in diesen Kreisen angeordneten Aufsätze bilden gleichsam die unerläßliche Begleitmusik zu den Leitmotiven des Rosenzweigschen Werkes, den großen, in sich geschlossenen Büchern. So sehr entsprechen sie ihnen, daß ein Leser der *Kleinen Schriften* eigentlich den *ganzen* Rosenzweig im »Extrakt« vor sich hat. Dem zweibändigen Werk des Meinekeschülers *Hegel und der Staat* entspricht hier die philosophiegeschichtlich hochbedeutsame Abhandlung *Das älteste Systemprogramm des deutschen Idealismus,* das den heute fast vergessenen Hegelinterpreten Rosenzweig wieder ins Gedächtnis ruft. (Seltsame Schicksalsähnlichkeit von Schüler und Lehrer: auch Hermann Cohen, Rosenzweigs hochverehrter Lehrer, ist im *lebendigen* Gedächtnis der Zeit allenfalls noch als der Autor der *Religion der Vernunft aus den Quellen des Judentums* wirksam, nicht mehr aber als das Haupt der Marburger Schule des Neukantianismus.) Rosenzweigs Hauptwerk *Der Stern der Erlösung* ist quasi präexistent vorgegeben in dem fast 20 Seiten umfassenden Brief an Rudolf Ehrenberg vom November 1911, den Rosenzweig selbst im Kreis der Nächsten stets als »Urzelle« des *Stern der Erlösung* bezeichnete. Die höchst problematische Nachdichtung der Hymnen und Gedichte des Yehuda Halevi ist mit ihrem wertvollsten Teil, dem aufschlußreichen Nachwort, vertreten, von der mit Martin Buber gemeinsam unternommenen Bibelübersetzung geben sechs der wesentlichen Aufsätze des Buches Kunde, und endlich wird die Gestalt des Erziehers, des Schöpfers des »Freien jüdischen Lehrhauses« zu Frankfurt und der »Akademie für die Wissenschaft des Judentums« in Berlin sichtbar in heute geradezu klassisch gewordenen Essays, wie dem Sendschreiben aus dem Feld *Zeit ist's,* das an Hermann Cohen gerichtet war, dem offenen Brief an Eduard Strauß *Bildung und kein Ende* und der großen Anfrage an Martin Buber *Die Bauleute* (die freilich noch in anderen Zusammenhängen zu nennen ist). Der *ganze* Rosenzweig also wird hier sichtbar, alle Stadien auf seinem Lebenswege, der durch die Täler und über die Hügel des *Zweistromlandes* führte.

III.

Franz Rosenzweig war kein Schriftsteller. Dies soll uns an einem Vergleich mit Franz Werfel, dem reinen Typus des Schriftstellers, klar werden. In einem seiner Gedichte aus dem Jahre 1938: *Die dichterische Mühe,* hat Werfel den letzten Sinn dieser Mühe den wahren Beruf des Schriftstellers enthüllt. Es ist ein prometheischer, ein halbgöttlicher und recht eigentlich ein gegen die Ordnung der Schöpfung rebellierender. (Und deshalb ja abermals prometheischer.) Denn das Gesetz der Welt heißt Vergänglichkeit. Dieser Vergänglichkeit wirft sich der Schriftsteller mit seiner geringen Menschenkraft entgegen. Er allein gegen die ganze Schöpfung. Denn er, der Schriftsteller, erträgt die Vergänglichkeit nicht. Es ist die tiefe Paradoxie des Beginnens, daß er, wiewohl selbst Schutt, Asche und Vergänglichkeit, dem Augenblicke immer wieder »verweile doch« zuruft, auch wenn er nicht schön ist. Den Augenblick zu bannen, anstelle der Bewegung das Beharrende zu setzen, ist sein tragisches Unterfangen. »Die Welt erträgt ihr eignes Schwinden leicht. / Sie grast vom Vor- und Nachher fast gemieden. / Nur ich, nur ich, wenn Bild um Bild verbleicht. / Verzehre mich und geb mich nicht zufrieden.« Ein unbezähmbarer Trieb zwingt den Schriftsteller nach Werfels Wort immer wieder den Tod des Augenblicks zu überraschen. In klarer Antithese arbeitet er die Sendung des Schriftstellers in der Schluß-Strophe seines Gedichtes heraus: »Geschaffen ist die Welt, daß sie vergeh'! / Doch ich, wenn ich ihr Bild in Sprache treibe, / Ich schaffe sie verstört von ihrem Weh, / Damit im Wort sie bleibe, bleibe ...« Der Schriftsteller weiß um die Dauerkraft des Zarten und Hinfälligen, des auf Papier geschriebenenen oder gedruckten Wortes, das, die gewaltigen Taten überdauernd, sie erst im Gedächtnis der Mit- und Nachwelt zu gewaltigen Taten macht. Hätte Odysseus gelebt, aber nicht Homer – auch Odysseus hätte nicht gelebt. So aber, da Homer gelebt hat, lebt auch Odysseus, und wenn er nie

gelebt hat. Das Überwirkliche, das geschriebene Wort, entwirklicht das Wirkliche.
Rosenzweig ist dieses spezifisch schriftstellerische Lebensgefühl ganz fremd. In einem Brief aus dem Jahre 1920, gerichtet an seine Braut, bemerkt er: »Was meinst du? Ich kann ja gar kein ›Buch‹ mehr schreiben, mir wird jetzt alles zum Brief, ich muß eben den ›anderen‹ sehen. So geht's mir jetzt bei der Denkschrift. Seit heute ist sie ordentlich im Gang. Manchmal zwischenhinein kriege ich Faulheits-Anfälle wegen des Bloß-Schreibens, ich möchte es lieber sprechen; aber dann geht es doch weiter und ich brülle mit der Feder ...«
Was hier in einem hingeworfenen Brief aufblitzt, dieses unschriftstellerische Lebensgefühl, das den lebendigen Anderen zur Zwiesprache sucht und das geschriebene Wort immer nur als unzulängliches Surrogat des gesprochenen empfindet, erfährt fünf Jahre später in dem Essay *Die Schrift und das Wort* seine Vertiefung und Erweiterung. Hier lesen wir das programmatische Wort von dem »Verhängnis der Schriftwerdung und Verliterarisierung des Worts«, dem Rosenzweig immer wieder zu entfliehen versucht in seine geschriebene Pseudo-Mündlichkeit. Deshalb sagt er auch von der Bibel: »Der wesentliche Inhalt aber ist gerade das, was sich der festlegenden und fernrückenden Gewalt der Schrift entzieht: Wort Gottes an den Menschen, Wort des Menschen an Gott, Wort des Menschen vor Gott. Man braucht nur an die legitimste, weil einer unmittelbaren Notlage abhelfende, also wahrhaft notwendige, Form der Schriftlichkeit zu denken, von der alle anderen Formen das, was sie an Legitimität besitzen, zu Lehn haben, an den Brief: um schon einzusehen, daß diese Legitimation der Schriftwerdung, dem Wort von und an und vor Gott nie zuteil werden kann: Gott ist gegenwärtig, und wenn er durch Boten handelt, so sind das keine Briefträger, die ein Vorgestriges inzwischen vielleicht von den Ereignissen Überholtes anbringen, sondern unmittelbar in diesem ihren Augenblick handelt aus ihnen und spricht durch sie Gott.«
In diesem unschriftstellerischen Bekenntnis ist Rosenzweig

ganz »Morenu«, jüdischer Lehrer. Rabbi Akiba, Hillel, Jesus, Lurja, der Baal-Schem, die großen Lehrer des Judentums haben nicht geschrieben. Unsere klassische Literatur, die Talmulde nicht minder als der Sohar, sind posthum aufgeschriebene Mündlichkeit. Der Stempel dieser Mündlichkeit haftet ihnen an, sprengt die Gesetze der Metrik, der Interpunktion. Sie ist so mündlich, diese unsere klassische Literatur, daß sie bis auf den heutigen Tag nicht stumm gelesen werden kann, sondern in mündlichem Sprechgesang weitergegeben wird. Auch die Bibel selbst, wie Rosenzweig in dem angeführten Essay hervorhebt, ist uns nicht die »Schrift«, sondern »Mikra«, das »Geruf«. Der Kirche war die Bibel immer die Schrift, und die Väter der Kirche schrieben, indes unsere Weisen (Chachamim) mündlich lehrten und sich allenfalls zu Sendschreiben, also Briefen bereitfanden. Auch Paulus ist darin noch ganz Jude! Diesem unschriftstellerischen Bekenntnis zur Mündlichkeit des Wortes, das nur ganz langsam aus dem Volksbewußtsein verschwand (ganz ist es heute noch nicht verschwunden; kein frommer Jude spricht von »Talmud«, sondern immer von »Thora sche be-alpe«, der *mündlichen* Lehre, wiewohl sie seit bald eineinhalb Jahrtausenden schriftliche Lehre, aber eben nur quasi schriftliche Lehre ist), liegt wohl in unterbewußten Tiefen die Furcht vor dem *Bild* zugrunde; denn die Schrift ist das Bildnis des Wortes, und eine archaische Bluterinnerung weiß noch um die Bildhaftigkeit der Schriftanfänge: die Bilderschrift.
In Rosenzweig kommt dieses verschüttete Wissen des Urjudentums wieder zum Durchbruch. Grausames Schicksal dieses *Sprechers,* der um die Mündlichkeit des Wortes wußte: die furchtbare Lähmung, von der er befallen war, beraubte ihn der Sprache.
Der Stil eines Autors, dem das geschriebene Wort nicht natürlich, sondern aufgenötigt ist, wird diese Nötigung verraten. Er tut es im Falle Rosenzweigs.
Es haftet ihm wirklich die Mündlichkeit des improvisierten Dialogs an; er ist, im klassischen Sinn, nicht schön. Niemand wird, entzückt von der Rosenzweigschen Prosa, seine Bücher

primär des ästhetischen Vergnügen wegens lesen; man muß sich vielmehr durch diese Sprache durchbeißen, um den Gehalt der Schriften aufnehmen zu können. Nichts ist unsinniger als anzunehmen, daß die Bücher Rosenzweigs der schönen Form entraten könnten. Solche Bücher gibt es überhaupt nicht. Hören wir darüber einen Meister der Sprache, Hofmannsthal: »Der Theolog oder Anthroposoph trägt uns das vor, was ihm als höchste Einsicht oder überirdische Ahnung vorschwebt – und welch höherer Gegenstand wäre denkbar, als die Zusammenhänge unserer Natur mit dem Göttlichen – aber trägt er es in einem Kaufmannston, in einer abgenützten Zeitungssprache, oder in einer flauen, stammelnden Bildungssprache vor, so ist es nicht da.«

Was ist es nun aber um die Sprache Rosenzweigs? Was er sagte, ist ja da, kein Zeitsturm hat es verweht; er ist unser Lehrer geworden und geblieben. Wenn diese Sprache nicht die des geborenen Schriftstellers ist, aber auch nicht von den gebranntmarkten Sorten – dem Kaufmannston, der Zeitungssprache, der flauen Bildungssprache – an sich hat, was ist sie dann? Sie ist die subtile, übernervöse Sprache des Adepten, dem ein weiterer Kreis oft nicht mehr zu folgen vermag. Sie ist zu ahnungsreich, diese Sprache, zum Bersten voll von Assoziationen, ringsum bedräut vom halben Klang angeschlagener Zitate, vergittert von Anführungszeichen, die geheimnisvoll lächeln oder das Übernommene signalisieren. Wem? Einzig dem Adepten, dem Hegel und Goethe nicht minder vertraut sind als Talmud und Midrasch, Hermann Cohen und Hölderlin. Also doch Bildungssprache? Ja, aber keine bildungsfrohe, keine Universitätssprache. Es ist die Sprache eines *Bildungsherbstes,* die Rosenzweig schrieb. »Bildung und kein Ende« heißt einer der programmatischen Essays, dessen Losungswort der kulturherbstliche Spruch des Predigers Salomo ist: »Es ist des Büchermachens kein Ende« (Koh. XII, 12). So spricht ein Erbe alter Kulturen. Und noch etwas Spezifisches, allem Herbst großer Kulturen Spezifisches eignet dieser Sprache: Ironie und Furcht vor dem Pathos. Rosenzweig schrieb auf der Flucht vor dem Pathos. Es

widert ihn der Brustton der Kanzelredner. (Und das theologische Metier beschwört die Gefahren des Predigtstils herauf.) Aber Rosenzweigs Ironie ist nicht das verzweifelte Auflachen Kierkegaards über den Pfahl im Fleische, nicht die kalte Lache Nietzsches, die seine Feinde tötet. Rosenzweigs Ironie hat etwas Familiäres. Man könnte sie der Thomas Manns vergleichen, worüber keinen Augenblick zu vergessen wäre, daß dieser der geborene Schriftsteller ist, indes jener sich aus der angeborenen Gesprächsfähigkeit nur mühsam in das Schriftliche zwängt.
Die Sprache und die Zeit sind die beiden großen Trotzdem, unter denen das Werk Rosenzweigs steht. Trotz seiner Zeit und Zeitgebundenheit, trotz seiner Sprache ist er – Morenu, unser Lehrer. Ja, wer einmal die Mündlichkeit dieser unliterarischen, aber literaturgeladenen Sprache ganz erfühlt hat, der wird das Augenzwinkern spüren, das ihr innewohnt, das dich selbst unmittelbar meint, dich an den Tisch setzt und zur *Rede* zwingt. Diese dialogische Sprache fordert zur Antwort heraus. Sie sei hier versucht.

IV.

Wer so um die Mündlichkeit des Wortes weiß, wie es Rosenzweig wußte, der hat uns um neue Sprache ringenden Juden Israels etwas zu sagen. Hören wir ihn: »Man kann nicht so Hebräisch sprechen wie man möchte, sondern man muß es schon so sprechen, wie es einmal ist. Und es ist vergangenheitsgebunden und weltverpflichtet, auch im Munde des jüngsten Siedlerkindleins der neustgegründeten Siedlung. Denn das Zentrum, welches das neue Palästina in vormessianischer Zeit ja höchstens werden könnte, würde in dieser Zeit mitnichten Zentrum im Sinne Achad Haams sein, der eben den voreiligen Messianismus bremsen wollte und ihm dann in seiner Kulturseligkeit doch gerade verfiel, sondern nur im Sinne der – Mathematik. Denn zwar anschaulich liegt der Kreis um seinen Mittelpunkt herum, aber konstruktiv ist mit dem Mittelpunkt noch gar nichts über die Fläche entschieden, die der Kreis einnehmen wird, während schon mit dem kleinsten Stückchen Peripherie der Ort des Mittelpunktes eindeutig festgelegt ist. So wird auch ein geistiges Zentrum, wie es in Palästina erhofft werden kann, zwar weithin sichtbar und für das Gesamtjudentum repräsentativ sein; aber wenn es Zentrum sein will und nicht irgendein beliebiger, in jedem Sinne exzentrischer Punkt, so muß es sich von der Peripherie und ihrem Daseinsgesetz abhängig machen – solange es eben eine Peripherie gibt, also in jeder vormessianischen Zeit (...).

Was hier allgemein gesagt ist, das gilt nun ganz und gar von dem Kern alles nationalen Daseins, von der Sprache. Sie kann nicht werden wie sie will, sondern sie wird werden, wie sie muß. Und dieses Muß liegt nicht wie bei jeder natürlich-nationalen Sprache in ihr selber, sondern außerhalb ihrer Gesprochenheit und in dem gewahrten Zusammenhang mit denen, deren Judentum notwendig wesentlich das des Erben ist. Die doppelte Bindung in ihrer Unnormalität bedeutet aber zugleich, je spürbarer sie ist, eine Lösung von den Fesseln der Normalität.«

Und nun weist Rosenzweig anhand der Klatzkinschen Übersetzung von Spinozas Ethik nach, wie sich hier die »Eigenart der ewigen Sprache« durchsetzt gegen den Geist des Autors und gegen die Absicht des Übersetzers. Ebenso wie Rosenzweig umgekehrt erkannte, daß es niemals möglich ist, einen jüdischen Inhalt ungebrochen nicht hebräisch zu vermitteln: »An der Sprache hängt der Sinn, und es ist wahrhaftig eine Unterschätzung der Innigkeit, mit der sich Christentum und deutsche Sprache seit Luther und länger schon vermählt haben, wenn man glaubt, jüdische Inhalte in deutscher Sprache ohne fremdgläubigen Beiklang mitteilen zu können.«

Auch hier wieder die große unlösbare Tragik Rosenzweigs: er, der geborene Sprecher, der Sprache beraubt, wird ganz auf die Schriftlichkeit verwiesen: er, der weiß, daß er »Morenu« im letzten Sinne nur in der ewigen Sprache sein kann – schreibt deutsch. Er schreibt *deutsch,* daß man Jüdisches nicht deutsch schreiben kann; er *schreibt,* daß man das Letzte nicht schreiben, sondern nur sagen kann.

In der oben angeführten Stelle aus dem Artikel »Neuhebräisch« tritt uns in letzter Geschlossenheit der *totale* Jude Rosenzweig entgegen. Er, der von sich sagen konnte: »Nichts Jüdisches ist mir fremd.« Wo stand er, dieser totale Jude? Im Zionismus, im Liberalismus, in der Orthodoxie? Nein – im Leben, im jüdischen Leben.
Der natürliche Dreiklang seines Denkens war: Schöpfung, Offenbarung, Erlösung. Er war es im Sinne des »Neuen Denkens«. Was ist dies, das »Neue Denken«? Rosenzweig definierte es in seinem mit diesem Programmruf überschriebenen Essay als die »Adabsurdumführung und Rettung der alten Philosophie«. Die drei Epochen der europäischen Philosophie – die kosmologische Antike, das theologische Mittelalter, die anthropologische Neuzeit – sind in dem philosophischen System des neuen Denkens *Der Stern der Erlösung* – nach Rosenzweig – überwunden.

Weniger polemisch und apologetisch gesagt, besteht es in folgendem:
Das neue Denken ist empirisch und dialogisch bestimmtes und bedingtes Denken. Es unterscheidet sich wesentlich vom alten Philosophieren durch sein Ernstnehmen der Zeit und der Bewegung. Losgelöst von der Zeit kann keine Wahrheit erkannt werden und diese ist nicht statisch, nicht seiend, sondern dynamisch, geschehende Wahrheit.
Das alte Denken war stummes, unhörbar monologisierendes Denken. Es bedurfte der Zeit nicht und des Nächsten. Ja, es rühmte sich seiner Zeitlosigkeit, seiner ewigen Ruhe und Einsamkeit. Das neue, das redende Denken bedarf der Zeit und der Bewegung, weil es den Anderen, das Du, den Nächsten als vom Ich geschiedene selbständige Wirklichkeit und das ist hier identisch mit Wesenheit, erfährt.
Der Anstoß zu diesem neuen Denken erfolgte von der Theologie her. (Bei den Juden Rosenzweig und Buber von der jüdischen, bei Florens Christian Rang von der christlichen.) Aber es ist selbst kein theologisches Denken. Wenigstens nicht im tradi-

tionellen, d.h. dogmatischen Sinne. Es ist dies schon deshalb nicht, weil sein Wahrheitsbegriff ein gespaltener ist. Wohl gibt es nur eine Wahrheit. Sie ist bei Gott. Aber der Mensch erfährt in der Zeit und d.h. in der Wirklichkeit nur die gespaltene Wahrheit. Der Jude nicht minder als der Christ. Die allein wahre Religion gegenüber den falschen ist dem neuen Denken ein Unding, da »Gott eben nicht die Religion, sondern die Welt geschaffen hat«.

Was also ist, um noch einmal, und nun in der Hoffnung auf eine bündige Antwort zu fragen, Rosenzweigs neues Denken? Einen Begriff Heideggers variierend, möchte ich sagen: *Die Ernüchterung zur Tatsächlichkeit.*

Dieses Bekenntnis Rosenzweigs zur Tatsächlichkeit beantwortet nun auch die Frage nach seiner jüdischen Haltung. Das jüdische Volk war ihm eine in sich selbst gegründete Tatsache. Ihm gehörte er zu. Er lehnte jede Korrektur dieser von Gott geschaffenen Tatsächlichkeit ab: die zionistische Normalisierung ebenso wie die liberale Spiritualisierung und die orthodoxe Ritualisierung. Was er wollte, war nicht die Nation ohne die Lehre (Nationalismus), die Lehre ohne das Volk (Liberalismus), das Gesetz ohne das Leben (Orthodoxie) – er wollte das »Ganze«, das man nicht hat, sondern ist, die Fülle des Lebens, die kein Programm umfaßt.

Wir dürfen die Kehrseite dieses Empirismus und Vitalismus nicht übersehen. Er hat zuweilen kuriose Blüten getrieben. An zwei Beispielen sei dies erläutert. In einem Sendschreiben über das Gesetz an Buber, *Die Bauleute*, vermerkte er: »Wo jüdisch gegessen werden soll, da müssen die zahllosen nur mündlich von Mutter zu Tochter überlieferten Bräuche des Speisezettels ebenso unverletzlich sein wie die Trennung von Milch- und Fleischdingen.« Was ist diese kuriose Paradoxie, die hier für einen Augenblick ernster genommen werden soll, als dem Verfasser vielleicht lieb wäre, anders als die Überspitzung der Anerkennung des Tatsächlichen? Wahrlich, das ist untheologisch genug gedacht.

Aber ist hier vom Untheologischen zum Unreligiösen, zum Widergöttlichen nicht nur ein winziger Schritt? Müssen wir diese zu weit vorgetriebene Tatsächlichkeitsbejahung nicht mit dem großen Worte Kierkegaards zurückweisen: »Daß das Bestehende etwas Göttliches geworden ist, für das Göttliche gehalten wird, ist eine Fälschung, dadurch zustandegebracht, daß es seine eigene Herkunft ignoriert«? – Treibt der Empirismus des neuen Denkens zuweilen solch merkwürdige Blüten (wobei die Hochachtung der Zeit und ihres eben zeitgemäßen Anspruchs mitberücksichtigt werden muß), so gibt es im Werke Rosenzweigs auch Stellen, welche die (theologische) Gefährlichkeit des Vitalismus grell beleuchten. In einem Briefe an den Rabbiner Benno Jakob aus dem Erscheinungsjahre des *Stern* schreibt Rosenzweig: »Was in der Bibel steht, kann man auf zwei Wegen lernen, 1. indem man hört, was sie sagt, 2. indem man dem Schlagen des menschlichen Herzens lauscht (...) Die Bibel und das Herz sagen das gleiche. Deshalb (und nur deshalb) ist die Bibel ›Offenbarung‹.«

Daß dem *nicht* so ist, ist offenbar. Welche Bibel hat Rosenzweig denn hier vorgelegen? Bestimmt nicht die Bibel, die er mit Buber kühn und überlegt, rhythmisch und gewissermaßen unliterarisch übertrug. Denn in dieser Bibel steht ja, daß Gott, der Herr, spricht: »Meine Wege sind nicht eure Wege und meine Gedanken sind nicht eure Gedanken.« Und es steht ferner darin: »Das Dichten des menschlichen Herzens ist böse von Jugend an.« (Gen. 8, 21). Wie sollten denn da das Herz und die Offenbarung dasselbe sprechen? Das Gegenteil stimmt ja schon eher, daß die Schrift *entgegen* dem bösen menschlichen Herzen steht, das sie verändern will, oder in ihrer eigenen Sprache gesprochen, dessen »Beschneidung« sie fordert.

Die Bibel des Vitalismus übersieht, was in der Bibel unverrückbar steht. Aber ist Rosenzweig dieser Sprünge wegen, die über das Ziel führten, nicht mehr »Morenu«, unser Erzieher? Er ist es gerade noch in den Mängeln seiner Lehre, aus denen ebenso gelernt werden kann wie aus der durch ihn geschehenen Darstellung der Wahrheit.

»Die Überlebenden der ›Schule‹« – sagt Rosenzweig in einem

Artikel aus seinem letzten Lebensjahre – »möchten aus dem Meister gern einen Schulmeister machen. Die lebendig weiterschreitende Geschichte des Geistes entzieht ihn solchen schülerhaften Unterfangen; (...) Die Schule mit ihrem Schulmeister stirbt; der Meister lebt.«

IV
Auf der Suche nach verlorener Heimat

Richard Beer-Hofmann

»Ufer nur sind wir, und tief in uns rinnt
Blut von gewes'nen – zu Kommenden rollt's.
Blut unserer Väter voll Unruh und Stolz.«

Kaum ein anderer Dichter unserer Zeit hat so unter Beweis gestellt, daß nicht die Fülle der Worte, sondern die Tiefe des Wortes Gewicht hat auf der Waage der Herzen, welche Ruhm und Geltung bestimmt.

Drei Dramen, eine Erzählung, ein früher Novellenband, einige Gedichte, eine Gedenkrede und autobiographische Aufzeichnungen – das ist das dichterische Werk Beer-Hofmanns.

»Was gab diesem umfangarmen Werk so lauten Widerhall?« fragte schon 1928 der Literarhistoriker Albert Soergel; und antwortet: »Es lebte in diesem Wenigen etwas, was den Menschen der Vorkriegszeit im Innersten berührte.«

Der »Mensch der Vorkriegszeit« ist heute nur mehr ein kleiner Teil der Empfangenden, aber das Werk Richard Beer-Hofmanns lebt – noch immer – in tausenden Seelen. Das Werk? Nicht ganz. Obwohl es so scheint, als habe Beer-Hofmann der Auswahl, die die Zeit aus den Werken eines Künstlers zu treffen pflegt, dadurch vorgreifen wollen, daß er nur das Letztgültige freigab, hat die Zeit dennoch – allerdings unter ganz anderen Aspekten – Auswahl getroffen.

Was blieb, oder fragen wir enger: was blieb uns?

Ein Gedicht und zwei Dramen und eine Figur aus einem Trauerspiel. Dies aber, »eines Lebens Gewinn«, ist tiefinnerlich uns zu eigen geworden; stets daseiend, und in uns (oft übergellt vom Wirrsal des Tages) forttönend.

Man hat oft versucht – unseliger Zug unserer Zeit –, Beer-Hofmann literarkritisch zu rubrizieren, und stellte ihn, den Wiener, der gegen Ende des vergangenen Jahrhunderts sein erstes Buch in die Welt schickte, in die Nähe Hofmannsthals und Schnitzlers.

Was ist damit gewonnen? Nichts. Diese »Erkenntnis« macht uns nicht reicher, gibt uns kein Wissen um dies Werk. Wohl liegt die Müdigkeit, die schöne Trauer, das herbstliche Grundgefühl unendlicher Resignation in den ersten Versuchen und der gleichnishaften Erzählung *Der Tod Georgs,* deren Held Paul erschauernd – wie Hofmannsthals Claudio – die Sinnlosigkeit seines liebeleeren Lebens erkennt, wohl klingen im Trauerspiel von Schmach, Aufstieg, Glück und Ende des *Graf von Charolais* die edlen, dunkelschweren, brokatnen Verse an Hofmannsthals Versdramen an. Und doch bleibt alles dieses an der Oberfläche. Mit dem Trauerspiel *Der Graf von Charolais* tritt ein Künstler vor uns, der gespeist aus allen Quellen der Lust, der Trauer, der Erkenntnis und des Zweifels, das prometheische Werk echter Dichtung schafft.

Menschen, nicht gut »oder« böse gibt er, sondern Menschen, in deren Brust Engel und Dämonen hausen; Menschen, alle hineingestellt in das unentwirrbare Ineinander von Freiheit und Zwang, von Fluch und Gnade, die an ihrer inneren Tragik zugrunde gehen müssen.

Das ist das Leben, überhöht in den Worten eines Dichters. Das sind Menschen, geboren aus innerster Wahrhaftigkeit ihres Schöpfers.

»Masken meint Ihr? Nicht Masken! Denn wo wäre mehr Wahrheit als in dem Antlitz, das er jedem gab.«

Diese Worte, geweiht Wolfgang Amadé Mozart, in Beer-Hofmanns berühmter *Gedenkrede,* seien ihrem Sprecher zum Dank zurückgegeben.

Was ist's, was diese echten Menschen, diese großen Zauberspiegel, darin wir uns selbst wiederschauen, leiden macht? Das ist's: Getriebene sind sie, gehorsam unbekanntestem Gesetz.

»›Es‹ trieb uns – treibt uns! ›Es‹. Nicht ich – nicht du!«

Wenn der Graf von Charolais an der Leiche seiner geliebten Frau, die, um ihm die Liebe zu ihr, die durch Ehebruch zerbrochen war, wiederzugeben, sich erstach, solches sagt ... klingen nicht die Verse auf, die Beer-Hofmann Jahre später im *Schlaflied für Mirjam* schrieb:

»Dunkel, verborgen die Wege hier sind,
Dir, und auch mir, und uns allen, mein Kind!
Blinde – so gehn wir und gehen allein.
Keiner kann Keinen Gefährte hier sein.«

Dieses Schlaflied, zum Allerschönsten zählend, was je in deutschen Versen gesprochen wurde, umfaßt die ganze Welt Beer-Hofmanns. Sein Hineinverwobensein in den mystischen Strom des Blutes, der Geschlecht an Geschlecht schließt, sein Lobpreisen der Liebe von Vater und Kind, die ihn das einzig Bestehende dünkt in dieser Welt, deren Kern Zerfall ist, seine in tausend Nächten ausgegorene Frage nach dem Sinn, der hinter den Dingen, wie der Mond hinter den Wolken steht, und endlich seine keusche und dennoch mit Rebellion geladene, seine wesenhaft jüdische Frömmigkeit, die ihn einmal von Gott sagen läßt:

»Es scheint, er liebt es nicht, wenn man zuviel von ihm
spricht – sei's mit Beten oder Fluchen!
Zu Sich'res haßt er – und ein allzusehr auf ihn vertrauen
– nennt er: ihn versuchen.«

Nach dem Trauerspiel hat Beer-Hofmann zwölf Jahre geschwiegen. Dann gab er uns ein dramatisches Mysterium, das ihn zum Sprecher und Denker des jüdischen Weltschicksals erhob, das ihn frei zeigte von aller literarischen Abkunft *Jaákobs Traum*.

Manchen schien es so, als habe der Dichter erst mit diesem Werk sich als jüdischer Dichter, weithin sichtbar einer aufhorchenden Welt, gezeigt. Dies aber ist irrig. Schon in *Der Graf von Charolais* ist Beer-Hofmann so jüdisch wie nur je einer, der in deutschen Worten dichtete. Nicht nur wegen der Shylock-Figur, »der rote Itzig« – nein, nein, im ganzen, in der Sicht der Dinge, der Zusammenhänge dieses tragischen Geschehens.

Der Graf von Charolais ist die Nachdichtung eines alten englischen Schauerstückes *The Fatal Dowry,* das P. Massinger und N. Field um 1632 verfaßten. (Merkwürdiger Zug Dich-

ter letzter Reife, daß sie ein Fertiges, angeblich Fertiges, ergreifen, um es umzuformen und aus dem Erdkloß Menschen, aus der erdachten Fabel undurchdringliches Leben schaffen.) Ein simples Schauerstück, dessen einziges Problem die Frage ist: Kann ein armer Mann seiner reichen Frau gegenüber innerliche Freiheit bewahren? Ein simples Schauerstück, das einen Abend »füllt«, aber einen Menschen leer läßt.
Was wird daraus unter den Händen dieses jüdischen Dichters, der – oberstes, einziges Merkmal jüdischer Dichtung – nicht berichten kann, sondern fragen muß, durchbohrend bis auf den Grund der Dinge tauchend, und über sie hinausgreifend bis an den Mantelsaum Gottes? Was wird daraus? Eine verzehrend lodernde Frage an den Ursprung aller Dinge, eine immer unbeantwortete Hiobsfrage nach dem Sinn der Leiden, die ewig wiederkehrende Frage des Juden an die Welt, die ihm ihr tränenreichstes Antlitz bietet, die Frage, die in *Jaákobs Traum* Samael, der Dunkle, der »Schatten des Ewigen«, in den Lobchoral der Erzengel hineingellt.
Ein Jude steht in diesem Stück. Nur an seinem Rand. Er könnte auch gestrichen werden. »Der rote Itzig« ist nur eine Nebenrolle. Aber ist der Jude nicht immer Träger von Nebenrollen? Ist sein Geschick denn Geschick der Welt? Steht er nicht immer nur am Rand der »Stücke«?
Dieser rote Itzig ist der Bruder Shylocks: der ewig Geprellte. Der Mensch, der böse wird durch die Lieblosigkeit der Welt, der so übervoll von Schmerzen ist, daß er das Recht zur Waffe macht, mit der er sich Genugtuung erstreiten will. Itzig trägt das wahre Gesicht Shylocks, das Shakespeare nicht sehen konnte, das nur einer zu deuten vermag, der sich eins weiß mit dem Blut dieses Gedemütigten, der in der häßlichsten Verzerrung das leuchtende Urbild sieht, in Shylock-Itzig, Jaákob, den Strahlenden, erkennt, zu dem der Herr spricht:

»Erbarmen – weig're ich! fordere du dein Recht!«

Und über den in aller Häßlichkeit des Leibes, in alle Bitternis der Seele gebannten Itzig, über diesem Aberbild Jaákobs, erklingt die Stimme – »unendliche Liebe entströmt ihrem Klang«:

»Ich will ja nur – mein Sohn – mich dir so tief verschulden,
Daß ich – zur Sühne – dich erhöh'n vor allen darf!«

Jaákobs Traum ist das Vorspiel zu dem Zyklus *Die Historie vom König David,* die in fünf Abenden Schicksal und Sendung Israels in seinen großen urzeitlichen Heroen lebendig werden lassen will. Führt noch ein Verbindendes von der reinen Hauptgestalt dieses hohen lyrischen Dramas zu dem »roten Itzig« aus *Der Graf von Charolais?*

Das Verbindende, wir deuteten es schon an, ist nur der furchtbare Segen des Ausgestoßenseins aus aller Liebe der Menschen. Samael nennt es warnend dem Jaákob, der sich – ringend und jubelnd zugleich – in die Arme Gottes wirft:

»Er lädt dir auf, bis dir der Nacken bricht!
Man geißelt dich, du raffst dich auf – Er sieht es!
Verschmachtend schleppst du dich – Er duldet es,
Labt nicht den Gaumen, der dir röchelnd dorrt.«

So zeigt der Widersacher, dessen Wort Gott selbst wahr heißt, das Bild des leidenden Gottesknechtes, der Vision des Deutero-Jesaja. Samael hat Jaákob gewarnt, der aber ruft ihm zu:

»Ich lieb ihn – wie Er ist!
Grausam und gnädig
Lauteres Licht – und Abgrund finster tief!
Ich laß Ihn nicht! Ich weiß: Zu Ihm gehör ich!«

Arnold Zweig

In seinem letzten Roman *Traum ist teuer* (Berlin 1962) läßt Arnold Zweig seinen Helden, den Psychoanalytiker Dr. Karthaus aus Bukarest, im Pariser Exil zu seiner Frau Hella sprechen: »Ich habe nie zu den Leuten gehört, die heimlich Wein tranken und öffentlich Wasser predigten. Einmal ein Zionist, immer ein Zionist.«

Diese Romanfigur ist weithin ein Selbstporträt des Autors. Karthaus ist ein schreibender Psychoanalytiker, Arnold Zweig war ein von der Psychoanalyse geprägter Schriftsteller, der in Sigmund Freud seinen väterlichen Meister sah, wovon ein umfangreicher Briefwechsel Zeugnis gibt.

Als das Dritte Reich ausbrach, konnte Arnold Zweig noch rechtzeitig Berlin verlassen, ging zuerst nach Südfrankreich, wo seine *Bilanz der deutschen Judenheit* entstand, und übersiedelte dann – einmal ein Zionist, immer ein Zionist – nach Palästina, wo er fünfzehn Jahre auf dem Karmel über Haifa ansässig, aber nicht heimisch wurde.

Im Gegensatz zu seinem Romanhelden sagte mir Arnold Zweig einmal mit schmerzlicher Ironie: »Zionismus ist eine Krankheit, die nur in Israel geheilt werden kann.«

Kurz nach Staatsgründung 1948 zog er die Konsequenzen, kehrte in den deutschen Sprachraum zurück, nach Ost-Berlin, wo er als Präsident der Deutschen Akademie der Künste Poeta laureatus der DDR wurde.

Das mußte ihm wohltun, denn Israel blieb für ihn eine »Vergegnung«, um diesen Ausdruck Martin Bubers zu benutzen.

Arnold Zweig, geboren in Glogau/Niederschlesien, in einer kleinbürgerlichen jüdischen Familie (der Vater war Sattler), wurde frühzeitig Zionist sozialistischer Prägung. Zeitweilig fungierte er sogar als Redakteur der *Jüdischen Rundschau*, des Zentralorgans der Zionistischen Vereinigung für Deutschland. Ironie des Schicksals: Er, der an der hebräischen Sprache in

Palästina scheiterte, gehörte mit zu den Gründern des Hebräischen Weltbundes in Berlin. Traum ist teuer...

In dem ersten seiner Romane, *Aufzeichnungen über eine Familie Klopfer* (1911), nahm er fast prophetisch sein eigenes Schicksal voraus. Da saß der deutschschreibende Schriftsteller im Roman auf dem Karmel, heimgekehrt in das Land der Väter. So weit, so gut, »doch die Verhältnisse, sie sind nicht so« ... Traum ist teuer.

Der junge Arnold Zweig hatte seinen ersten Erfolg als Erzähler mit den *Novellen um Claudia* (1912), aber der große Durchbruch erfolgte mit dem Kriegsroman *Der Streit um den Sergeanten Grischa* (1928).

Arnold Zweig hatte seine erste Wahlheimat München 1923 unter den Einwirkungen des nationalsozialistischen Antisemitismus, der damals im Hitler-Putsch kulminierte, verlassen und war nach Berlin verzogen, ebenso wie sein Freund, der geborene Münchner Lion Feuchtwanger. Diese beiden jüdischen Schriftsteller deutscher Zunge, kosmopolitischer Gesinnung und sozialistischer Prägung blieben ein Leben lang verbunden, die Dioskuren der Literatur der Emigration.

In *Traum ist teuer* sagt Frau Hella: »Einmal Berliner, immer Berliner.« Sie seufzt es in Kanada.

Der an der Realität Palästinas scheiternde Arnold Zweig seufzte es auf dem Karmel. Nach Berlin zog es ihn zurück. Dort hatte er die Erfolge der Jugend erlebt, und dort sollte ihm ein erfolgreicher Lebensabend beschieden sein. Freilich war auch der Traum vom sozialistischen Deutschland teuer und mußte mit dem bezahlt werden, was man im versunkenen tausendjährigen Reich in der Sprache Goebbels »Gleichschaltung« nannte... nun in entgegengesetzter Richtung.

In den Ost-Berliner Jahren 1948 bis 1968 schuf Arnold Zweig noch zwei große Romane, *Die Zeit ist reif* (1957) und *Traum ist teuer* (1962). Der erste dieser Spätlingswerke stellt noch einen unmittelbaren Anschluß an seinen Roman *Junge Frau von 1914* (1931), dar, ist aber bereits so sehr von Ideologie geprägt, daß der freie Atem des Erzählers stockt.

Noch schlimmer wird es in dem letzten Alterswerk vom teuren Traum. Der Dichter wollte noch einmal zu dem großen Erfolg seines Lebens, zum Grischa, zurückkehren. Es ist ihm nicht gelungen. Dieser letzte Roman stellt den Streit um den Sergeanten Kephalies dar, einen griechischen Soldaten in der englischen Armee Montgomerys, der sich ein schweres Disziplinarvergehen zuschulden kommen läßt und nun von dem Psychoanalytiker Karthaus herausgepaukt werden soll durch Hinweis auf zeitweiligen Gedächtnisverlust.
Dieselbe Struktur wie im Grischa, das Einzelschicksal im Massenschicksal des Krieges, ein Rechtsfall im Zeitalter der Rechtlosigkeit. Derselbe Aufbau, aufgeteilt in mehrere Bücher des Romans, eingeleitet mit Versen, eine Technik, die Arnold Zweig auch anderwärts angewandt hat. Nun aber zeigt sich der Unterschied. Im Berlin von 1928 und im Ost-Berlin von 1963. Der preisgekrönte sozialistische Dichter läßt seine Personen sozusagen mit Spruchbändern erscheinen. Sie reden den antifaschistischen Jargon. Nur selten bricht Individualität und dichterische Intuition durch dieses Gestrüpp der Ideologie. Noch einmal hat der Dichter die Kraft des großen Epikers in dem Kapitel »Nachtangriff« zurückgewonnen, aber das Ganze ist nicht von Altersweisheit, sondern leider von Altersgeschwätzigkeit gekennzeichnet, die Lektüre zur Mühe des Lesers machend.
Für mich freilich wurde so vieles transparent, denn ich habe die Jahre Arnold Zweigs in Palästina miterlebt, so daß manche Figur, wie der große Seelenarzt Dr. Manfred Jacobs, klare Konturen gewinnt; es handelt sich um Dr. Eitingon, der sozusagen der Statthalter Sigmund Freuds in Jerusalem war.
Das sind Entdeckerfreuden, wie sie nur dem Zeitgenossen beschieden bleiben, der Arnold Zweig im Lande Israel kannte.
Zweig bemerkte einmal: »Ich bin wie der Prophet Elia. Ich sitze auf dem Karmel. Ihn ernährten die Raben, mich ernähren die Russen.«
Er hat es ihnen gedankt, sang ihr hohes Lied bis in die letzten Tage seines Erdendaseins.
Und doch blieb er in der verborgensten Kammer seines Herzens

der Zionist. Als es darum ging, nach dem Sechs-Tage-Krieg 1967 eine Protestresolution gegen Israel zu unterschreiben, hatte er den Mut abzulehnen: »Man muß ja nicht alles unterschreiben.«

Seinen schönen Palästina-Roman *De Vriendt kehrt heim* (1932) schrieb Arnold Zweig in Berlin. Es war ein kritischer Roman, der den ersten politischen Mord im jüdischen Palästina an dem ultraorthodoxen, antizionistischen holländischen Publizisten De Haan (hier De Vriendt genannt) schilderte. Arnold Zweig meinte (in egozentrischer Überschätzung), daß er durch diesen Roman im jüdischen Palästina persona non grata geworden sei. So war es nicht. Nur wenige kannten im damaligen Palästina dieses erzählerisch bedeutende Buch.

Es waren ganz andere Gründe, die zur Isolierung und Verbitterung Arnold Zweigs im Lande Israel führten. Vor allem blieb er der deutsche Schriftsteller, dem das Hebräische nicht mehr zuwuchs – und das führte zu einem Rand-Dasein, das er mit anderen Autoren der Emigration zu teilen hatte. Auf dem Karmel schrieb oder diktierte er nur einen großen Roman, *Das Beil von Wandsbek*. Er versetzte sich zurück in das Deutschland seiner Herkunft, zeichnete eine vom Nazismus zerfressene Gesellschaft, was ihm aus der großen Distanz überraschend gelang.

»Habent sua fata libelli« ... Das Schicksal dieses Buches war es, daß es zuerst in der hebräischen Übersetzung von Avigdor Hameiri erschien. Inzwischen liegt es in einer neuen Übersetzung vor, da die hebräische Sprache in den letzten Jahrzehnten viele Wandlungen durchgemacht hat.

Es ist bewundernswert, mit welcher Konzentration und Energie Arnold Zweig inmitten der Mittelmeerlandschaft, im hellen Licht der Sonne des Orients, sein trübes Wandsbek erbaute.

Zur sprachlichen Isolation kam die politische. Zweig war Mitherausgeber der linksradikalen Zeitschrift *Orient* (in deutscher Sprache!), die in heftiger Opposition zum zionistischen Establishment stand.

Nicht zuletzt ging es um die Frage der Stellung gegenüber der arabischen Bevölkerung des Landes; ein Problem, das bis heute nicht nur nicht gelöst ist, sondern sich immer mehr und mehr verschärft.

Arnold Zweig war der typische Intellektuelle, der die tiefe moralische Pflicht zur politischen Aktivität empfand, ohne ihr wirklich gewachsen zu sein.

Rückblickend sehen wir heute in Arnold Zweig einen der großen Epiker der deutschen Literatur des zwanzigsten Jahrhunderts. Er hat in seiner Romanreihe *Der große Krieg der weißen Männer* unserem Jahrhundert ein unübersehbares Denkmal gesetzt. In der Emigration setzte er mit den Romanen *Erziehung vor Verdun* (1935) und *Einsetzung eines Königs* (1937) das Erzählwerk fort.

Arnold Zweig war vom April 1915 bis zum Ende des Ersten Weltkrieges 1918 Soldat. Das hat ihn für sein Leben geformt. Die beiden Weltkriege bilden die Folie seines Lebenswerkes.

Er hat neben den großen Romanen psychologisch bedeutsame Novellen geschrieben, aber auch mehrere Essay-Bände, die vor allem der jüdischen Problematik seiner Epoche gewidmet sind, darunter die noch heute lesenswerte Studie über den Antisemitismus *Caliban* oder *Politik und Leidenschaft*.

Auch als Dramatiker trat er hervor. In den Bühnenwerken dominiert das jüdische Thema, von der Bibel bis in das neunzehnte Jahrhundert, von *Abigail und Nabal* bis zu *Ritualmord in Ungarn*.

Ein schier unübersehbares Werk ist die Ernte dieses langen und reichen Lebens.

Der Jerusalemer Kulturphilosoph Gershom Scholem stellte in einer vielbeachteten Kritik den Begriff der deutsch-jüdischen Symbiose in Frage. In der Gestalt Arnold Zweigs scheint mir das Gegenargument sichtbar zu werden. Zweig stellte in Leben und Werk diese Synthese und Symbiose dar. Er empfand die Spannung zwischen Deutschtum und Judentum und konnte doch nur in diesem Spannungsfeld leben und arbeiten.

Josef Kastein

Am 13. Juni 1946 starb in Haifa der Schriftsteller Josef Kastein, der in den dreißiger Jahren zu den meistgelesenen jüdischen Autoren deutscher Sprache gehörte und heute leider (fast) völlig vergessen ist; so vergessen, daß z. B. Desider Stern in seinem Buch *Werke von Autoren jüdischer Herkunft in deutscher Sprache* (1969) Kastein nicht mehr aufführt.

Josef Kastein wurde am 6. Oktober 1890 in Bremen geboren. Er hieß ursprünglich Julius Katzenstein und war zunächst als Anwalt in seiner Heimatstadt tätig. Schon frühzeitig begann er aber zu schreiben. Frühe Verse und ein Drama *Arbeiter* (Jüdischer Verlag Berlin 1921), eine Novelle *Die Brücke* (1922), sowie zwei Romane, *Melchior* und *Pik Adam* (1927), bilden den heute längst verklungenen Auftakt seiner literarischen Tätigkeit.

1928 gab Kastein seine Anwaltspraxis auf, übersiedelte nach Ascona in der Schweiz, später nach Moscia, kehrte vorübergehend wieder nach Deutschland (Berlin) zurück und ließ sich schließlich 1930 für längere Zeit im eigenen Hause in Moscia (Schweiz) nieder. Er war dort Nachbar von Emil Ludwig – und das nicht nur in einem räumlichen Sinne, denn mit einer Biographie (im Stile der damals so beliebten literarischen Biographien, wie sie Emil Ludwig und Stefan Zweig schufen) gelang ihm der literarische Durchbruch: *Sabbatai Zewi, der Messias von Ismir.* Das Buch erschien 1930 im Verlag von Ernst Rowohlt in Berlin, der auch der Verleger Emil Ludwigs war. Das Buch war »Martin Buber, dem wirkenden Menschen« zugeeignet. Kasteins Beziehung zu Buber blieb allerdings problematisch, da Kastein vor allem als Zionist ganz andere Wege ging als Buber.

Schon 1913 war Kastein zum erstenmal mit der bekannten KJV-Fahrt zionistischer Studenten nach Palästina gekommen. Das Land wurde seine tragische Liebe.

1933 verließ Kastein die Schweiz und übersiedelte nach Haifa auf den Karmel, wo ihn ein ähnliches Schicksal ereilte wie seinen dortigen Nachbarn Arnold Zweig. Kastein produzierte zwar noch einige Jahre rastlos. Noch vor der Katastrophe des deutschen Judentums 1931 und 1932 erschienen bei Rowohlt seine *Geschichte der Juden* und die Biographie *Uriel da Costa. Tragödie der Gesinnung.* Dann aber folgte natürlich auch für Kastein der Ausschluß aus dem deutschen Schrifttum. Seine späteren Werke sind vor allem noch im Verlag R. Loewit in Wien erschienen, darunter drei Bände, die sich mit der Geschichte des Landes Israel befassen: *Herodes* (1936), *Jerusalem* (1937) und *Jeremias* (1938), um nur die wichtigsten zu nennen. Eine Programmschrift *Jüdische Neuorientierung* und eine Studie über Theodor Herzl gaben persönliches Bekenntnis des Autors. Und doch war es ihm nicht mehr vergönnt, auch nur annähernd die Breitenwirkung und wohl auch die Tiefenwirkung von *Sabbatai Zewi* zu erreichen.

Es klingt vielleicht trivial und ist doch wahr, wenn man unterstreicht, daß die drei ersten historischen jüdischen Werke Kasteins gerade durch die Tatsache wirkten, daß sie nicht in einem jüdischen Verlag erschienen sind, sondern bei einem führenden deutschen literarischen Verlag, der auch ein assimiliertes Judentum eher zu erreichen vermochte als dies etwa dem »Jüdischen Verlag« möglich war.

Kastein war für kurze, zu kurze Zeit ein Botschafter jüdischen Geistes in einer Endphase deutscher Literatur.

In Israel selbst erschienen nur noch seine Biographie des jüdischen Minnesängers Süßkind von Trimberg (er nannte dieses Werk *Die Tragödie der Heimatlosigkeit* ... und gerade diese sollte in Jerusalem ans Licht kommen) und seine *Palästinensische Novelle* (Privatausgabe Haifa 1942).

Kastein hat sich zwar später von Emil Ludwig sehr deutlich distanziert, doch ist der Einfluß dieses heute ebenfalls vergessenen jüdischen Autors deutscher Zunge, ebenso wie der Einfluß Stefan Zweigs auf das Schaffen Kasteins unverkennbar. Kastein aber übertrug die Methode, den Stil der literarischen Biographie, die ohne Fußnoten und wissenschaftlichen Apparat arbeitet, der Intuition mehr Raum gewährt, als der Fachhistoriker gestatten würde, auf das Gebiet der *jüdischen* Geschichte. Heute kann man sagen, daß er intuitiv vieles vorausgenommen hat, was die Forschung erst später exakt erarbeiten konnte. Kastein war vor allem der Historiker der jüdischen Seele, ging es ihm doch um die psychologische Durchleuchtung jüdischer Gestalten und Geschehnisse.

Obwohl er sich tief in die hebräische Sprache eingelebt hatte, bliebt er doch in Haifa isoliert, dachte zu Ende seines Lebens noch an eine Übersiedlung nach Amerika. Der frühzeitige Tod des noch nicht Sechzigjährigen machte allen Plänen ein jähes Ende.

Wenn wir sagten, daß Kastein heute *fast* vergessen ist, so wurde dieses kleine Wort *fast* mit Vorbedacht gewählt, denn es gibt einen getreuen Schüler, der alles daran setzt, das Andenken des Schriftstellers Josef Kastein wieder zu beleben, seinem Werk in Deutschland zur Auferstehung zu verhelfen. Es handelt sich um den Rektor im Ruhestand *Alfred Dreyer* in Bremen (Jahrgang 1912).

Die Geschichte der Beziehung Alfred Dreyers zu Josef Kastein ist das Dokument einer Treue, die durch die Jahrzehnte andauert. Als vierzehnjähriger Junge wurde Alfred Dreyer in Bremen Lehrling in der Kanzlei des Anwalts Dr. Julius Katzenstein alias Josef Kastein.

Der Junge war aufgeweckt, interessierte sich für Akten und Gericht und entdeckte ganz zufällig beim Aufräumen im Büro einen Gedichtband seines Chefs. Kastein schenkte dem Jungen das Bändchen und entzündete damit in ihm die Liebe zum Wort, zur Dichtung, zur Literatur. Behutsam führte Kastein den jungen Menschen, der zunächst nur die Volksschule besucht hatte, in die Bereiche des Geistes ein. Alfred Dreyer, der nicht Jude ist, wurde zunächst von der jüdischen und zionistischen Interessensphäre Kasteins gar nicht berührt, sondern sah in ihm den Meister, der den Knaben in die Welt der Philosophie und Dichtung führte.

Als Kastein 1928 Bremen verließ, ordnete der junge Dreyer für

ihn alle privaten Angelegenheiten. Der Kontakt riß auch im Dritten Reich nicht ab, bis der Krieg alle Verbindungen mit dem Auslande zerstörte.
Im Herzen Alfred Dreyers aber blieb das Bild Kasteins unzerstörbar. Dreyer, der wie Kastein selbst gehbehindert war, blieb so vom Kriegsdienst bewahrt und konnte durch emsige Studien, zum Teil in langen Jahren der Krankheit, alles Versäumte nachholen und schlug die pädagogische Laufbahn ein.
Nach seiner Pensionierung aber widmete er sich nun ganz dem Werke Kasteins, stellte Nachforschungen in Israel und in Amerika an, besuchte im Frühling 1976 Kasteins noch lebende Freunde in Haifa, Tel Aviv und Jerusalem und arbeitet an einem umfassenden Werk über den Autor.
Vorausgegangen war ein anderer Bremer Pädagoge, Friedrich Gläbe, der 1970 über Kastein schrieb, aber über dieser Arbeit gestorben ist.
Ist es nicht ergreifend und mahnend zugleich, daß Kastein im eigenen Volke und Land Israel, dem Land seiner zionistischen Verwirklichung, heute vergessen ist, während in seiner Heimatstadt Bremen ein getreuer Jünger alles daran setzt, Kasteins Werk der Vergessenheit zu entreißen und es einer jungen Generation wieder zugänglich zu machen? Wir sollten unsererseits an dieser Wiedererweckung teilnehmen, denn Kastein hat auch unserer jungen Generation noch vieles zu sagen.

Lion Feuchtwanger

Nun werden sie hundert Jahre, die Fixsterne meiner Jugend: Ende Mai Max Brod und Anfang Juli Lion Feuchtwanger.
Ich habe sie immer wie ein Zweigestirn gesehen, diese beiden jüdischen Dichter deutscher Zunge, die zu Erneuerern des historischen Romans geworden sind. Diese Spezies war durch Schwerpathetiker wie Felix Dahn belastet und wurde durch diese beiden Autoren zu neuer Gültigkeit erhoben.
Es ist wohl so zufällig nicht, daß es jüdische Autoren waren, die dem historischen Bewußtsein aktuelle Dimension verliehen. Auch die Biographie hat durch jüdische Schriftsteller des deutschen Kulturkreises eine Erneuerung erfahren. Man denke in diesem Zusammenhang nur an Emil Ludwig, den heute weithin Vergessenen, und Stefan Zweig, dessen Erbe Richard Friedenthal in unserer Zeit fortgeführt hat. Auch Josef Kasein wäre hier zu erinnern. Name und Werk sind im Abseits versunken. Inwiefern ist dies alles nicht zufällig? Die Juden sind das Volk des langen Gedächtnisses, das klassische Volk der Geschichte. Noch in den an die Umwelt assimilierten Söhnen dieses Volkes hat sich dieser Spürsinn für die Geschichte erhalten.
Mit Lion Feuchtwanger verbindet mich aber auch die gemeinsame Heimat. Er wurde am 7. Juli 1884 in München geboren. (Ich folgte eine Generation später am selben Orte.) Heute ziert an der Liebigstraße eine Gedenkplakette das Geburtshaus des Schriftstellers, der seiner Heimatstadt ein problematisches, aber unvergängliches Denkmal in seinem großartigen Zeitroman *Erfolg* (1930) gesetzt hat. Hier wird die Isar-Metropole der zwanziger und dreißiger Jahre unseres Jahrhunderts vielschichtig geschildert. Unvergeßlich sind die bayerischen Mädchen mit den etwas zu großen Füßen, der immer dinierende Herr Hessreiter und die Abwandlungen bayerischer Idiome in indirekter Redeweise, wie »da solle man sich niederlegen«, und »da solle man herschaun«.

Nur wer den Dialekt der Heimat von früher Kindheit an in sich aufgenommen hat, vermag sich solchen Sprachhumors zu befleißigen.
Feuchtwanger entstammte einer jener wenigen orthodox-jüdischen Patrizierfamilien, die die Tradition des Judentums mit der Atmosphäre ihrer Umgebung zu verbinden vermochten.
Er hat sich frühzeitig von den religiösen Bindungen seiner Sippe gelöst, aber das in der Jugend erworbene jüdische Wissen ist ihm geblieben, hat ihn getragen und zu seiner groß angelegten Josephus-Trilogie *Der Jüdische Krieg* (1932), *Die Söhne* (1934) und *Der Tag wird kommen* (1945) befähigt. In der Ausgabe letzter Hand nannte Feuchtwanger den dritten Teil »Das Gelobte Land«.
Die Reihe der historischen Romane Feuchtwangers begann vor über sechzig Jahren mit der Darstellung der Margarete Maultasch von Tirol *Die häßliche Herzogin* (1923). Zwei Jahre später gelang ihm der Durchbruch mit *Jud Süß* (1925), dem Roman um den jüdischen Finanzmann Joseph Süß Oppenheimer (1692–1738), den Hoffaktor Herzog Alexanders von Württemberg, der als Opfer des Judenhasses gehenkt wurde. Seine Gestalt war durch die Novelle von Hauff in der deutschen Literatur negativ verzeichnet. Feuchtwanger verstand es, diesen Prototyp des Hofjuden zu rehabilitieren, ohne ihn zu idealisieren. Jahrelang zählte dieses Buch zu den Bestsellern. 1970 war eine Gesamtauflage von 2,5 Millionen zu verzeichnen. Ein derartiger Erfolg war den anderen Werken nicht mehr beschieden.
Als das Dritte Reich 1933 ausbrach, mußte Feuchtwanger fluchtartig Berlin verlassen, das er zum Domizil gewählt hatte. Seine Emigration führte zunächst nach Südfrankreich. Auch dort holten die Nazis den bestgehaßten jüdischen Autor ein, und es gelang ihm, nach abenteuerlicher Flucht über Portugal die USA zu erreichen. In dem Werk *Unholdes Frankreich* (später neu aufgelegt unter dem Titel *Der Teufel in Frankreich*) schildert er seine Erlebnisse in der ersten Station seines Weges in eine neue Freiheit.
Aus dem traditionellen Juden war ein überzeugter Marxist,

aber auch kosmopolitischer Humanist geworden, der sein jüdisches Erbe nie verleugnet hat. Marxismus, Humanismus und Judentum gingen in seiner Person eine existentielle Synthese ein. Einer gefährlichen Vernebelung war er in Moskau 1937 ausgesetzt. Dem aus Deutschland vertriebenen Dichter wurden dort Ovationen dargebracht. Das verdunkelte seinen Scharfblick, so daß er sogar in den verhängnisvollen sowjetischen Schauprozessen der Stalin-Epoche Wahrheit und Gerechtigkeit zu erblicken meinte und dieses Fehlurteil in einem Buch *Moskau 1937. Ein Reisebericht für meine Freunde* (Amsterdam 1937) festhielt. So weit ich sehe, hat er diesen Ausrutscher nie dementiert.

Mit Moskau verband ihn auch die Herausgabe der Zeitschrift der Emigrantenliteratur *Das Wort,* gemeinsam mit Bert Brecht und Willi Bredel. Nur der Letztere blieb im Sowjet-Paradies. Brecht und Feuchtwanger konnten sich an die Küste Amerikas retten. Dort, in Pacific Palisades, starb Feuchtwanger am 21. Dezember 1958. Noch einmal hatte er ein schönes, geräumiges Haus und konnte seine umfangreiche Bibliothek (in bibliophilen Einbänden) hier aufbauen. Feuchtwangers treue Gattin Martha, die, noch unter uns weilend, das Werk ihres Mannes betreut, hat diese große Bibliothek der University of Southern California in Los Angeles übergeben, so daß sie der studierenden Öffentlichkeit zugänglich blieb.

Große Ehrungen wurden Feuchtwanger in den fünfziger Jahren in der DDR zuteil (ähnlich wie seinem Freund Arnold Zweig, ohne daß Feuchtwanger nach Deutschland zurückkehrte). Auch seine Heimatstadt München zeichnete ihn ein Jahr vor seinem Tod mit ihrem Kultur- und Literaturpreis aus, und das Hebrew Union College in Cincinnati ehrte ihn posthum mit einem Ehrendoktorat in Anerkennung seiner Leistung auf dem Gebiete jüdischer Geschichte.

Feuchtwanger war ein Mann des Buches, nicht nur als Verfasser zahlreicher Werke, sondern ebenso als ein immer wacher und gründlicher Leser. Auch hierin setzte er die Tradition seiner schriftgelehrten Ahnen fort.

Als ihn Ende der zwanziger Jahre eine literarische Gesellschaft in Stuttgart zu einer Lesung aus *Jud Süß* einlud, wollten ihm die Veranstalter das herzogliche Schloß zeigen, meinten jedoch, er kenne es wohl ganz genau. Feuchtwanger erklärte wahrheitsgemäß, daß er Stuttgart vorher nie besucht habe, verzichtete aber auf den Besuch des Schlosses, da es ein regnerischer Tag war und er es vorzog, sich gemütlich in der Halle seines Hotels mit den Gastgebern zu unterhalten. Dann reiste er ab, ohne den Schauplatz seines Romans besichtigt zu haben. (Diese Anekdote verdanke ich dem Bruder Lion Feuchtwangers, Dr. Ludwig Feuchtwanger, der in München Lektor des Verlages Dunker und Humblodt und Redakteur der Bayerisch-Isrealitischen Gemeindezeitung war. Er starb im Exil in London.)
Auch den Schauplatz der Josephus-Trilogie, Palästina, das Land Israel, hat Feuchtwanger nie besucht, aber wirklichkeitsgetreu geschildert.
Im Oktober 1954 schrieb mir Lion Feuchtwanger: »Es ist ein Herzenswunsch von mir, Israel zu besuchen; die Gründe, die mich vorläufig abhalten, sind zwingend.« Es war ihm nicht vergönnt, diesen Herzenswunsch noch zu erfüllen.
Auch ein später biblischer Roman, *Jefta und seine Tochter* (1957), spielt in dieser ungesehenen Landschaft seines Herzens.
Sein jüdisches Bekenntnis legte Lion Feuchtwanger in einer Gemeinschaftspublikation mit Arnold Zweig *Die Aufgabe des Judentums* (Paris 1933) ab. Hier ist eine unverkennbare Ambivalenz zu verzeichnen. Feuchtwangers Weltbürgertum ermöglichte ihm nicht ein volles Ja zum Zionismus, aber dennoch sah er in der Rückkehr vieler Juden in ihre historische Heimat einen Weg zu ihrer kollektiven Individuation.
In Amerika hatte er, trotz der Schwierigkeiten, die sich jedem deutschen Schriftsteller in der Emigration, vor allem von der Sprache her, in den Weg stellten, eine neue Heimat gefunden. Thomas Mann erwähnt in einer Tagebuch-Eintragung vom 4. Juni 1941 das »hübsche spanische Haus der Feuchtwangers«. Die Vorliebe für den spanischen Stil trägt Feuchtwangers Roman *Goya* (Stuttgart 1954). Auch in seiner *Jüdin von Toledo*

(1955) schildert er Spanien. (Es entzieht sich meiner Kenntnis, ob er dieses Land seiner mediterranen Neigungen bereist hat. Auf der Flucht durchquerte er Spanien jedenfalls.)
Thomas Mann gelang es, Feuchtwanger für eine Art deutscher Dichter-Akademie der Emigration, »American Guild for German Cultural Freedom« zu gewinnen, gemeinsam mit Heinrich Mann, Bruno Frank, Alfred Neumann und René Schickele.
Feuchtwanger gehörte zu den wenigen Glücklichen, die auch im fremden Land erfolgreich ihre Produktion fortsetzen konnten. Er lehnte es daher ab (im Gegensatz zu Arnold Zweig), nach dem Krieg nach Deutschland oder auch nur nach Europa zurückzukehren.
Die Nachbarschaft mit Thomas Mann in Pacific Palisades in Kalifornien vertiefte die Freundschaft beider Autoren, die zusammen mit einem weiteren Nachbarn, Franz Werfel, weithin sichtbar die deutsche Literatur im Exil repräsentierten.
Lion Feuchtwanger war auch als Dramatiker tätig, ja er begann seine literarische Laufbahn als Bühnenschriftsteller mit seinen *Stücken in Versen* 1918. Auch *Jud Süß* war ursprünglich als Drama konzipiert, aber zu voller Meisterschaft gelangte er nur als Epiker. Die dunklen Jahre des Dritten Reiches werden in seinen Zeitromanen *Geschwister Oppermann* (auch als TV-Serie erfolgreich) und *Die Brüder Lautensack* (London 1944) der Vergessenheit entrissen.
Feuchtwanger hat keine Autobiographie geschrieben – und dennoch hat er es getan. Der jüdische Schriftsteller der Antike Josephus Flavius wird in der Darstellung Feuchtwangers weithin zum Selbstporträt. Mit allen Fasern seines Seins seinem Volke verbunden, öffnet er sich dennoch der Weite der Welt, verliert sich zeitweilig an die Fremde, kehrt aber trotzdem wieder zurück zum Ursprung seiner Existenz.

Klaus Mann

Wir sind in derselben Stadt München geboren, begegneten einander aber nie in ihren Straßen.
Klaus Mann, geboren am 18. November 1906, war sieben Jahre älter als ich, jetzt bin ich dreißig Jahre älter, als er geworden ist, der am 22. Mai 1949 in Cannes seinem Leben ein jähes Ende bereitete.
Die Motive dieses Freitodes sind nie ganz in die Öffentlichkeit gedrungen und sollen wohl auch das Geheimnis des Frühvollendeten bleiben.
Nach dem Unheilsjahre 1933 führte Klaus Mann ein unstetes Emigrantendasein, das ihn über Holland, die Schweiz, Frankreich und Spanien schließlich in die USA führte, wo er sich der kämpfenden Truppe gegen Hitler anschloß.
War es die Verzweiflung an einer Welt, in welcher die humanistischen und ursprünglich pazifistischen Ideale seines Lebens und Werkes immer fraglicher wurden, trotz der Zertrümmerung des Dritten Reiches, waren es menschliche Enttäuschungen, oder blieb es der Schatten des gigantischen Vaters Thomas Mann, »der Zauberer« genannt, der immer wieder über das Werk des Sohnes fiel? Er blieb der Sohn Thomas Manns, für manche auch der Neffe von Heinrich Mann, obwohl er ein Autor von eigenen Graden war, der ein reiches Werk hinterließ, noch unausgeschöpft.
Zum ersten Male begegneten wir einander 1932 in einer avantgardistischen literarischen Zeitschrift *Die Brücke,* die in Limburg an der Lahn erschien.
Klaus Mann hatte ein kleines Gedicht beigesteuert, faszinierend und rätselhaft, ein Tiefenproblem seines eigenen Lebens anrührend. Noch heute – nach über einem halben Jahrhundert – kann ich es auswendig:

»*Geschwisterliebe*
Die Taube, die ich füttern wollte,
War ganz von Glas,
So daß sie nicht gedeihen wollte,
Was sie auch fraß.
Und als ich ihr Gefieder
Streicheln wollte
War es von Tränen naß.
Die Taube, die ich füttern wollte,
War ganz von Glas.«

Ist es nicht ein Prüfstein echter Dichtung, wenn sie sich in Wort und Melos unverrückbar dem Gedächtnis einprägt?
Klaus Mann ist es selbst so ergangen. In seinem Tschaikowski-Roman *Symphonie Pathétique* (1935, Querido-Verlag, Amsterdam) kehrt leitmotivartig der Satz wieder: »Der Tag ohne dich ist die Sünde«.
Ich schrieb Klaus Mann, daß dies ein Zitat von Stefan George ist. Es war ihm nicht bewußt, denn die Zeilen großer Dichtung können in die eigene Substanz eingehen. Entschuldigend fügte Klaus Mann aber hinzu, daß er, unablässig reisend, keine Bibliothek mehr um sich habe, außerstande, etwas nachzuschlagen.
Das Buch hinterließ bei mir tiefe Spuren. Die Gestalt Tschaikowskis kann ich nur mit den Augen von Klaus Mann sehen, die viel zu früh erloschen sind.
Vorausgegangen war, ebenfalls in dem zentralen Verlag der Emigration, Querido in Amsterdam 1934: *Flucht in den Norden.* Die Gestalt Ragnars, »Jüngling mit dem ragenden Geschlecht«, bleibt wie ein skandinavischer Apoll in meiner Erinnerung. Ich las das Buch in einer Nacht im Hotel »Blauer Stern« am Graben in Prag, bei meinem ersten Ausflug in die Freiheit.
In München konnte man 1934 die Bücher der Emigration nicht mehr greifen, und solche Literatur in meinem Zimmer, das mehrfachen Haussuchungen der Gestapo ausgesetzt war,

hätte mich gefährdet. So hat sich mir der Ort der Lektüre eingeprägt.

Das berühmteste Buch dieser Epoche im Schaffen von Klaus Mann, *Mephisto* (Amsterdam 1936), in welchem er mit seinem Schwager Gründgens abrechnete, ist in meiner Erinnerung verblaßt. Der Grund hierfür wurde mir erst klar, als ich kürzlich in einem Brief von Klaus Mann an unseren gemeinsamen Freund in Jerusalem, Dr. Franz Goldstein (Frango), las, daß Klaus Mann selbst den Mangel an Liebe in diesem Buch des Hasses spürte. Der Haß aber ist wie der Rost, sagte mir einmal Propst Heinrich Grüber, er schlägt nach innen. Ich füge hinzu: auch in das Innere eines Romans. Selbst der verfremdende Film beschwor mir das Buch nicht noch einmal herauf.

Aber ein kleines Buch, ganz aus einer tiefen Liebe heraus geschrieben, bewahre ich in der Bibliothek meines Herzens: *Vergitterte Fenster* (Amsterdam 1937), das die Gestalt des tragischen Märchenkönigs von Bayern, Ludwig II., in seinen letzten verdüsterten Tagen auf Schloß Berg am Starnberger See schildert – der Abgesang Klaus Manns an seine, an unsere versunkene Heimat.

Merkwürdig, auch an ein anderes besonders bekanntes Buch des Autors. *Der Vulkan* (Amsterdam 1939), vermag ich mich nicht mehr zu erinnern. Die Gründe sind wohl ähnlich wie bei *Mephisto*.

Nicht nur ich habe das Werk von Klaus Mann mit tiefer innerer Teilnahme verfolgt, auch er hat mich im Beginn meines literarischen Schaffens ermuntert. So habe ich einen Brief von ihm aus Sils Baselgia im Oberengadin vom 7. Juli 1935 bewahrt, in welchem er mir über meinen Gedichtband *Das Mal der Sendung* (München 1934) schrieb: »Mit einer wirklichen Ergriffenheit konnte ich mich in Ihre Verse vertiefen. Wie groß und rührend ist die sittlich-religiöse Bemühung, die sich in ihnen manifestiert! Mit welchem Ernst, welcher Frömmigkeit, dringen Sie ein in die Problematik Ihres Volkes! Wie wohl tut dieser zugleich selbstbewußte und demütige Klang, verglichen mit anderen Erzeugnissen von jüdischer Hand, denen man nicht immer Würde und nicht immer Demut nachrühmen darf. – Dabei ist aber Ihr Buch nicht nur für den an der jüdischen Frage Interessierten lesenswert. Es ist keine ›Spezialität‹, es hat geistige Weiträumigkeit – das beweist schon das George-Motto, das Sie in kühner, aber durchaus nicht illegitimer Weise vor Ihr Werk stellen. In der Tat spüre ich in der strengen Luft Ihres Buches etwas von georgischem Geist und Ton. Vielleicht ist es dieser Geist, dieser Ton, der mir Ihr Buch erst so recht liebenswert macht.«

Nach dem Freitod von Klaus Mann schrieb ich in der israelischen Presse über den Dichter. In der Danksagung, Zürich 1949, fügte Thomas Mann handschriftlich an: »Mit persönlichstem Gruß und Dank für den schönen und wahren Nachruf.«

Auch diese Bestätigung von der Hand Thomas Manns ist mir wertvoll, vor allem das Wörtchen »wahr«.

Ich konnte wahr über Klaus Mann schreiben, ohne ihn eigentlich gekannt zu haben, und doch meine ich, daß ich ihn kannte. Er schrieb selbst einmal, daß er keine Kinder, nur Bücher habe. Wenn er auf seinen Reisen ein Hotelzimmer betrat, packte er zuerst die Schreibmaschine aus, um zu arbeiten. Er lebte im Wort und begegnete der Welt im Wort. Über sein Leben könnte man die Zeilen des heute weithin vergessenen Dichters Alfred Mombert setzen:

»Liebesgeflüster und Heldensage,
Alles, was ich in den Welten wage,
Ist nur das Wort.«

Das Wort hieß die repräsentative Zeitschrift der Emigration, die in Moskau 1936–39 von Bert Brecht, Lion Feuchtwanger und Willi Bredel herausgegeben wurde. Klaus Mann gehörte zu den Mitarbeitern dieser literarischen Revue und gab selbst eine ähnliche Publikation, *Die Sammlung*, heraus. In diesen beiden Titeln ist alles gesagt. Im Wort allein lebte die Emigration und soll sie fortleben, und die Sammlung dieses von der Vergessenheit bedrohten Erbes bleibt eine Aufgabe der Nachgeborenen.

In der Reihe der Autoren der Emigration steht die Jünglingsgestalt von Klaus Mann. Er gehört zu jenen Dichtern, die wir uns nur in Glanz und Licht der Jugend vorzustellen vermögen. Einen achtzigjährigen Klaus Mann können wir uns nicht denken. Er ist jung geblieben, und jung ist vieles in seinem Werk geblieben. Ewige Jugend, teuer erkauft durch einen zu frühen Tod.

Else Lasker-Schüler

Am 11. Februar 1869 wurde Else Lasker-Schüler als Tochter einer wohlhabenden jüdischen Familie, die bereits fünf Kinder hatte, in Elberfeld geboren.
Sie wollte es nicht wahrhaben.
Sie leugnete weder ihre jüdische Abkunft, die sie schon in dem unvergeßlichen Frühwerk *Hebräische Balladen* so wortgewaltig betonte; sie leugnete auch nicht ihre Herkunft aus Elberfeld, denn sie schrieb ihr Schauspiel *Die Wupper* in Elberfelder Platt, sie leugnete auch nicht die kinderreiche Familie, denn sie schilderte dieses Milieu, wenn auch um eine Generation früher, so auschaulich in ihrer Erzählung wie ihrem Drama *Arthur Aronymus*. Sie leugnete nur – ihren Geburtstag, ihr Geburtsdatum. Das wollte sie nicht wahrhaben. Sie führte die Lexika irre, machte sich um einige Jahre jünger. Als aber, sogar nach dem retuschierten Datum, ihr 60. Geburtstag fällig war und ich ahnungslos einen größeren Aufsatz über die verehrte Dichterin, die ich damals noch nicht persönlich kannte, veröffentlichte, schrieb sie mir gereizt zurück: »Böse Menschen haben Ihnen dieses Datum verraten. Ich bin siebzehn oder tausend Jahre alt.«
Damit hatte sie recht. Sie behielt die Naivität einer Siebzehnjährigen, sie konnte als alte Frau noch wie ein Backfisch schwärmen, und sie trug die Weisheit der Jahrtausende ihres Volkes im Herzen. (Im Herzen: nicht im Intellekt.)
Als das dunkle Jahr 1933 auch Else Lasker-Schüler aus Berlin, wo sie die ungekrönte Königin des Romanischen Cafés war, vertrieben hatte, trug sie bereits die Krone der größten Dichterin deutscher Sprache seit Annette von Droste-Hülshoff. Noch 1932 hatte Else Lasker-Schüler den Kleist-Preis erhalten, zusammen mit Richard Billinger, der sehr bald als »Blubo-Dichter« sich bei den Nazis beliebt machte. Else Lasker-Schüler aber flüchtete zunächst nach Zürich, wo sie in dem Verleger Dr.

Oprecht und dem Dramaturgen des Schauspielhauses Ernst Ginsberg warmherzige Förderer fand. Aber sie wurde in der Schweiz nicht heimisch. Die bürgerliche Atmosphäre dieses von Krisen verschonten Landes war ihr konträr, der Dialekt war ihr fremd: »Ich bekomme ganz dicke Ohren von dieser Sprache«, klagte sie einmal.

Ihre Sehnsucht trieb sie 1934 zum erstenmal nach dem Lande Israel, 1936 war sie wieder in Zürich zur Aufführung von *Arthur Aronymus.* (Unter dem Druck der deutschen Regierung mußte das Stück vom Spielplan abgesetzt werden, behandelte doch die Dichterin hier die Aufklärung eines Ritualmord-Märchens gegen westfälische Juden. Jetzt, im Jahre 1969, wird das Stück an vielen deutschen Bühnen zu Ehren des 100. Geburtstages der Dichterin aufgeführt...)

1937 reiste sie nochmals nach Erez Israel, dem Land ihrer Sehnsucht, das sie *Das Hebräerland* nannte; so heißt ihr schönes Reisebuch. Das Wesen dieses Landes formulierte sie:

> »Gott baute aus Seinem Rückgrat: Palästina
> aus einem einzigen Knochen: Jerusalem.«

Erst 1939 kurz vor Ausbruch des Krieges übersiedelte sie dann schließlich nach Jerusalem und dichtete:

> »Ich wandele wie durch Mausoleen –
> Versteint ist unsere Heilige Stadt.
> Es ruhen Steine in den Betten ihrer toten Seen
> Statt Wasserseiden, die da spielten: kommen und
> vergehen.«

Der Zusammenstoß zwischen Traum und Wirklichkeit in Jerusalem war freilich unvermeidlich. Man stelle sich vor, Hölderlin wäre nach Athen übersiedelt. Von verständnislosen Menschen enttäuscht, konnte die Dichterin schimpfen: »Das ist nicht Erez Israel, das ist Erez Misrael.«

Aber sie fand auch verständnisvolle Freunde, darunter nicht nur literarisch interessierte Menschen ihres eigenen Herkunftslandes, sondern auch hebräische Dichter, wie Uri Zvi Green-

berg, den sie den »Indianer« nannte, und der ihr attestierte, sie schreibe »hebräisch mit deutschen Worten.«
Im Café Sichel an der Ben-Jehuda-Straße, das es schon längst nicht mehr gibt, hielt sie »Circle«, wie einst im Romanischen Café. Oft erschrak sie, wenn man sich ihrem Tisch näherte, dann aber wollte sie einen nicht mehr loslassen. Sie fürchtete sich vor der Einsamkeit, dem Schatten des Alters, wie sie in einem ihrer späten Gedichte klagt:

»Wo soll ich hin, wenn kalt der Nordsturm brüllt?
– Die scheuen Tiere aus der Landschaft wagen sich
und ich vor deine Tür, ein Bündel Wegerich.«

Im »Kral« hatte sie eine literarische Vereinigung geschaffen, in welcher sie selbst ihre Dichtungen vorlas, aber auch andere Autoren einlud, bekannte Schriftsteller und unbekannte Anfänger. Sie selbst verfertigte handschriftlich, oft mit Zeichnungen geschmückt, die Einladungen, trug sie aus (um das Porto zu sparen) und hängte Plakate in die wenigen Buchhandlungen, in welchen Interesse für diese Veranstaltungen zu erwarten war.
Anfang des Jahres 1945 erkrankte die Dichterin an Angina pectoris und starb am 22. Januar im Hadassah-Hospital auf dem Skopus. Auf dem Ölberg über Jerusalem wurde sie beigesetzt. Das Begräbnis leitete ihr Freund und Verehrer Rabbiner Dr. Kurt Wilhelm, der dabei das tieftraurige Gedicht der Dichterin: »Ich weiß, daß ich bald sterben muß« rezitierte, im Original, wie es auf Seite 27 des letzten Buches von Else Lasker-Schüler steht, das zu ihren Lebzeiten in Jerusalem 1934 erschienen ist: *Mein blaues Klavier.* – Das Gedicht endet mit den Worten:

»Mein Odem schwebt über Gottes Fluß –
Ich setze leise meinen Fuß
Auf den Pfad zum ewigen Heime.«

Wenn wir meinten, daß dies der Abgesang der Dichterin war, so täuschten wir uns. Sie war eine Prophetin. Franz Werfel sah sie als solche und schilderte sie in der Gestalt der Prophetin Hulda in seinem Roman um Jeremia: *Höret die Stimme*. Die prophetische Schau der Dichterin, die ihr selbst nicht unbewußt war, zeigte sich im Juni 1967, nach dem Sechstagekrieg. Freunde suchten nach dem verlassenen Grabe der Dichterin und fanden es nicht mehr. Eine Straße war darüber gelegt worden, aber nahebei wurde der Grabstein mit ihrem Namen gefunden. Klangen da nicht die Verse an, die sie ahnungsvoll geschrieben hatte:

»Ich liege wo am Wegrand übermattet –
Und über mir die finstere kalte Nacht –
Und zähl schon zu den Toten längst bestattet.«

Else Lasker-Schüler ist heute eine Klassikerin geworden. Ihre gesammelten Werke werden herausgegeben; eine Edition der Briefe der Dichterin folgt. Wer jemals solche Briefe empfangen hat, weiß, welch ungeheure Arbeit die Edition dieser Briefe darstellt, die in einer oft kaum lesbaren Arabeskenschrift verfaßt sind. Außerdem hatte die Dichterin die eigentümliche Gewohnheit, auf derselben Postkarte, auf demselben Blatt, einfach weiterzuschreiben, wenn Karte oder Blatt bereits beendet waren, so daß ihre Briefe im wahrsten Sinne des Wortes vielschichtig sind. Man scheut aber keine Mühe, Briefe und Manuskripte zu entziffern. Dissertationen werden über das Werk der Dichterin geschrieben, in Taschenbüchern und in Sonderausgaben wie den »Büchern der Neunzehn« erscheinen ihre Gedichte in hohen Auflagen. Sie hat das alles nicht mehr erlebt, aber sie war sich des Wertes ihrer Dichtung voll bewußt, auch dort, wo das nicht erkannt wurde.

In der Gedenkrede auf die Dichterin sagte Rabbiner Wilhelm, der nun auch in der Erde Jerusalems ruht: »An diese Frau wird man sich noch erinnern, wenn wir längst alle vergessen sein werden.«

Franz Werfel

In diesem Jahre 1990 wäre der Dichter Franz Werfel hundert Jahre alt geworden. Er hat aber nur 55 Jahre auf dieser Erde gelebt, und ein riesiges Œuvre hinterlassen, das die Grundregel unter Beweis stellt: Genie ist Fleiß.

Am 10. September 1890 wurde er als Sohn von Rudolf und Aldine Werfel, geb. Kussi, in Prag geboren, und am 26. August 1945 starb er in Beverly Hills (Cal.).

Franz Werfel gehört zu den überragenden Gestalten der deutschen Literatur in der ersten Hälfte unseres Jahrhunderts. Sein Weg führte vom Expressionismus zu »Realismus und Innerlichkeit«, um seine eigene Formulierung zu gebrauchen.

Wenn solche Markierungen für die ästhetische, stilistische Ortung Werfels möglich scheinen, so bleibt aber doch für eine tiefere Schicht seines Wesens und Werkes die lebenslange Auseinandersetzung zwischen Judentum und Christentum, die keine Lösung gefunden hat. Werfel blieb diesbezüglich ein Mensch mit seinem Widerspruch, ein Jude, der sich zum Katholizismus hingezogen fühlte und dennoch nicht die Taufe nahm, der im Judentum nicht die Antworten auf die Fragen der Seele fand, und dennoch die angestammte Glaubensgemeinschaft nicht verließ.

Werfels literarisches Debut waren expressionistische Gedichte in der Manier der O-Mensch-Lyrik, die dithyrambisch ertönten.

Es war Max Brod, der große Entdecker, dem wir auch das Werk Franz Kafkas verdanken, der die dichterische Kraft des jungen Werfel erkannte und ihm den Weg in die literarische Öffentlichkeit bahnte.

Bald aber kam es zu Spannungen zwischen Brod und Werfel in der Frage des Judentums. Brod suchte und fand über den Zionismus neue Heimwege in das Judentum; Werfel vermochte ihm hier nicht zu folgen.

Der Konflikt zog sich durch das ganze Leben der Freunde hindurch. Ein Briefwechsel zwischen Brod und Werfel über Judentum und Christentum liegt noch unveröffentlicht im Max-Brod-Archiv der Frau Esther Hoffe in Tel Aviv.
Werfels frühe Neigung zum Christentum, insbesondere in seiner katholischen Form, wurde noch durch seine Liebe zu Alma Mahler, seiner späteren Gattin, gefördert, die katholisch von Haus aus war und ihren Franzl nur ungern in jüdischer Bindung verharren ließ.
Hartnäckig hielt sich die Legende, daß Alma zusammen mit einem befreundeten katholischen Priester dem sterbenden Werfel noch die sogenannte Begierde-Taufe gereicht habe oder gar die Leiche getauft hätte. Das alles aber blieb Geraune im Kreise der Emigrantenliteratur in Kalifornien.
Unter Almas strenger Zucht wuchs Werfel zum Epiker heran, nachdem die erste Phase seines Schaffens von der Lyrik (*Der Weltfreund,* 1911) und Dramatik (*Spiegelmensch,* 1920; *Bocksgesang,* 1921) getragen war. Der erste große Roman Werfels, *Barbara oder die Frömmigkeit* (1929), enthüllt die Ursprünge von Franz Werfels christlicher Sendung.
Die Gestalt der Kinderfrau Barbara, an deren Hand der kleine Franz in die Wolkenwelt des Weihrauchs in katholischen Kirchen eintritt, und in staunender Seele das Mysterium der Wandlung erlebt, ohne es zu verstehen, bleibt eine Symbolfigur seines Lebens. Sie kehrt wieder in einem viel späteren Roman, *Der veruntreute Himmel* (1939), und schließlich wird *Das Lied von Bernadette* (1941), der große Lourdes-Roman Werfels, sein bedeutendster Erfolg, nur verständlich aus jener Bereitschaft zum Glauben der Kirche, der in frühester Jugend von Barbara in das Herz des Kindes gesenkt wurde.
Verfolgt von den Nazis hatte Franz Werfel Österreich verlassen, war nach Frankreich ins Exil gegangen, wurde dort von den Deutschen gleichsam überrollt und konnte über Lourdes flüchten. In Lissabon erreichte er den rettenden Hafen, von dem er sich mit Alma nach New York einschiffen konnte, wo sie am 13. Oktober 1940 anlangten. Noch auf dem Schiff begann

Werfel sein Gelübde einzulösen, und die wunderbare Geschichte der Bernadette Soubirous, der die Madonna mehrmals erschienen war, zu beschreiben. Er betonte aber, daß er als Jude diese Heiligengeschichte des 19. Jahrhunderts verfaßte.
Werfel glaubte nicht an den Erfolg dieses katholischen Epos im protestantischen Amerika, aber es ereignete sich gleichsam ein neues Marienwunder: *Das Lied von Bernadette* wurde zum Bestseller und durch die Verfilmung mit Jennifer Jones für Millionen zum Erlebnis.
Zum zweiten Mal wurde Werfel so in Amerika auf den Wellen des Erfolges und der Sympathie getragen. Das erste Mal galt vor allem die Verehrung der Armenier in Amerika dem Verfasser ihres Heldenepos *Die vierzig Tage des Musa Dagh* (1933). In diesem Roman hatte Werfel am Schicksal der Armenier im Ersten Weltkrieg, wo sie das Opfer der sogenannten Jungtürken wurden, das tragische Schicksal seines eigenen Volkes im Holocaust vorweggenommen.
Die schicksalhafte Auseinandersetzung Werfels mit dem Judentum und dem Christentum findet 1926 ihren ersten Niederschlag in dem Drama *Paulus unter den Juden*. In der Spannung zwischen Paulus und seinem Lehrer Gamaliel wird die tragische Stunde der Lösung des jungen Christentums vom jüdischen Mutterboden dramatisiert.
Sigmund Freud hat die Sicht Werfels abgelehnt, der in fast devoten Briefen an den Schöpfer der Psychoanalyse sich zu rechtfertigen sucht.
In den Konflikten mit Max Brod und Sigmund Freud ging es um Grundsatzfragen der Weltanschauung, in Werfels Konflikt mit Karl Kraus aber, der ursprünglich ein Protagonist Werfels war, ging es um Literatengezänk ohne tiefere Bedeutung.
Durch alle Lebensphasen hindurch aber blieb Willy Haas, Herausgeber der *Literarischen Welt*, Werfels vertrauter Freund, und noch im letzten großen epischen Werk, dem utopischen Roman *Der Stern der Ungeborenen* (1946), hat Werfel dem Freund ein Denkmal gesetzt.
Der *Stern der Ungeborenen* zeigt eine Welt in ferner, ferner

Zukunft. Alles hat sich verändert, nur zwei Größen sind geblieben: das orthodoxe Judentum und die katholische Kirche.

Zweimal hat Werfel versucht, sich dem Judentum glaubensmäßig zu nähern, in dem Jeremia-Roman *Höret die Stimme* (1937) und in dem Weihespiel *Der Weg der Verheißung* (1935). Letzteres war die Anregung von Meyer Weisgal, in Zusammenarbeit mit Max Reinhardt für New York projektiert, stellt aber zu sehr eine Auftragsarbeit dar, in der die Stimme des Dichters nicht mehr rein erklingen konnte.

Werfels Flucht über die Pyrenäen hat ihn zu seiner ironischen Komödie *Jacobowsky und der Oberst* (Uraufführung 1933) angeregt, in welcher er nochmals die Karikatur des Juden zeigt, wie sie schon in einem Frühwerk, der Novelle *Das Trauerhaus,* zur Darstellung gelangte.

Die Karikatur gelang besser als die pathetische Darstellung des Propheten Jeremia in *Höret die Stimme.*

Die letzte und tiefste Auseinandersetzung Werfels mit Judentum und Christentum findet sich in seiner posthum erschienenen Sammlung *Zwischen oben und unten,* die er Ende Mai 1944 abgeschlossen hatte und die 1946 zum ersten Mal bei Bermann-Fischer in Stockholm erschienen ist.

In diesen Theologumena hat Werfel in seinem letzten Lebensjahr seine Erkenntnisse unter dem Motto Goethes zusammengefaßt: »Das eigentlich, einzige und tiefste Thema der Welt- und Menschheitsgeschichte, dem alle anderen untergeordnet sind, bleibt der Konflikt des Unglaubens und Glaubens.«

Werfel stand eindeutig auf der Seite des Glaubens, aber nun gabelte sich ihm diese Position in zwei Glaubensweisen von Judentum und Christentum. Fraglos neigt er dem Christentum zu, aber nun bleibt ihm in der Divina Comedia die Rolle des Juden vorbestimmt als des dunklen Zeugen des Evangeliums, der nicht den ihm angewiesenen Platz in der Heilsgeschichte verlassen und vertauschen darf.

Werfels dialektische Haltung erinnert an die Erkenntnis des jungen Hugo von Hofmannsthal in *Der Tor und der Tod:*

»Wie wunderbar sind jene Wesen,
Die was nicht deutbar dennoch deuten.«

Auch Werfel hat das nicht Deutbare zu deuten versucht. Er bleibt der Grenzgänger zwischen Judentum und Christentum, der eine Position der Entscheidungslosigkeit nicht als Denker, aber als Dichter, nur als Dichter, durchzuhalten vermochte. So steht seine Gestalt, wie sein Spiegelmensch, in zweifachem Bilde vor uns – sich selbst überdauernd.

Man könnte einwenden, daß diese Sicht Werfels manches unbeachtet läßt, was im Werke des Dichters wesentlich bleibt. Man denke nur an die Romane und Erzählungen: *Der Abituriententag* (1928), *Nicht der Mörder, der Ermordete ist schuldig* (1920) und die Meisternovelle *Der Tod des Kleinbürgers* (1927).

Unter den Dramen blieben unerwähnt *Das Reich Gottes in Böhmen* (1930) und die Tragödie *Juarez und Maximilian* (1924).

Vor allem aber ist Werfels wohl schönster Roman zu nennen: *Die Geschwister von Neapel* (1931), und gerade an diesem Beispiel kann noch einmal aufgezeigt werden, wie in einem verborgenen Tiefengang die Auseinandersetzung mit dem Judentum in verhüllter Form sich ereignet.

Peter Stefan Jungk bemerkt in seiner so außerordentlich aufschlußreichen Biographie: *Franz Werfel. Eine Lebensgeschichte* (Frankfurt 1987), S. 193: »Während der Arbeit an ›Geschwister von Neapel‹ wurde Werfel das Gefühl nicht los, wie unter Diktat zu stehen (...) hinter jeder Figur, hinter jedem Ereignis glaubte er, eine zweite Ebene, gleichsam eine überwirkliche Welt zu verspüren. Aus dem Erlebnisbericht einer Zufallsbekannten wurde die poetische Metapher für das Zerbrechen patriarchalischer Weltordnung und männlicher Herrschsucht.«

Der Roman schildert den Verfall einer neapolitanischen Patrizierfamilie, deren Kinder sich von der Diktatur des Vaters lösen und in alle Welt zerstreut werden.

Der Schriftsteller Heinz Politzer erklärte mir in Jerusalem in den vierziger Jahren, daß Werfel in diesem Gleichnis den Abfall des jüdischen Volkes von seinem despotischen Vatergott darstellte. Auf meine erstaunte Frage, woher Politzer das wisse, antwortete er: »Von Werfel selbst.«

Ich war über diese Antwort nicht wenig erstaunt, fand sie aber dann doch bestätigt in »Theologumena«, Nr. 127, in *Zwischen oben und unten:* »Höchstmögliche Form moderner Epik: Die mystischen Grundtatsachen des Geisterreiches (Weltschöpfung, Sündenfall, Inkarnation, Auferstehung usw.), dargestellt mittels des verschlagen-bescheidensten Realismus in unauffälligen Geschehnissen und Figuren des gegenwärtigen Alltags. Nur ganz wenige höhere Intellekte unter den Lesern erkennen die Symbolik, dürfen aber niemals das beglückende Gefühl verlieren, der Autor habe keine Ahnung von den Geheimnissen, die seine einfache Erzählung verbirgt.«

Liest man diese Aufzeichnungen des Dichters, so wird die Doppelbödigkeit seines Werkes durch ihn selbst bestätigt. Es ist eine Art Versteckspiel des Erzählers mit jenen »Geheimnissen des Geisterreiches«, die ihn zum Visionär machen.

Selbst in seiner Opernbegeisterung, die in seinem ersten Roman *Verdi, Roman der Oper* (1924) Gestalt gewann, ist etwas von dieser Doppelbödigkeit gegeben, denn in späteren Aufzeichnungen spricht Werfel davon, daß er sich die ewige Seligkeit im Sinne einer ewigen Oper vorstellt. So gingen bei Werfel die Ereignisse unserer empirischen Welt mit dem ewigen Geschehen in der Transzendenz Hand in Hand, und im Mittelpunkt der transzendenten Welt standen die beiden Glaubensweisen, Judentum und Christentum, die für Werfel die Pole seines Denkens und Fühlens blieben und in seinem Werke mannigfaltige Gestalt, erkennbar aber auch nur erahnbar, annahmen.

Es ist merkwürdig, daß das Christentum, vor allem in der Gestalt des Katholizismus, auf jüdische Dichter der Emigration eine besondere Anziehungskraft ausübte.

Ich möchte in diesem Zusammenhang auf Joseph Roth (1894–1939) hinweisen, der allerdings schon vor seiner Emigration den Weg zur Taufe ging, dabei aber immer sein jüdisches Erbe betonte, und auf Alfred Döblin (1878–1957), der vom linksradikalen Kosmopoliten durch die Ereignisse von 1933 zu einer jüdischen Besinnung gelangte, aber im amerikanischen Exil die Taufe nahm.

Nicht so Franz Werfel. Er fühlte sich von der Kirche angezogen, aber er war sich dessen bewußt, daß er in seiner jüdischen Existenz verharren müsse, denn: »Wenn der Christus die Wahrheit und das Leben ist, dann sind die Juden das unverwüstliche Zeugnis dieser Wahrheit im Fleische. Ohne dieses lebendige Zeugnis, das verfolgt und gegeißelt durch die ganze Welt geht, sänke Christus zu einem bloßen Mythos hinab, gleich dem Apoll oder Dionysos«.

Damit hat Werfel einen Gedanken aufgegriffen, den bereits Blaise Pascal artikuliert hatte, der aber nun durch Werfel sozusagen jüdisch sanktioniert wurde. Darüber hinaus aber war es dem Dichter und Denker klar, daß es im Dunkel der »Gottesfinsternis« nicht möglich ist, neue Wege des Glaubens zu finden, viel mehr geht es um ein Verharren in Treue.

Der Begriff »Gottesfinsternis«, der durch Martin Buber weite Verbreitung fand, stammt von Franz Werfel und findet sich in einem Gedicht der Sammlung *Schlaf und Erwachen* (1935) (Hymnarium). Es beginnt mit der erschreckenden Feststellung:

> »Auch an dem Glaubenshimmel deines Tages
> Hängt plötzlich Gottesfinsternis...«

Die Gratwanderung seines Lebens zwischen den Glaubensweisen Judentum und Christentum mußte Werfel in der Gottesfinsternis seiner Tage gehen, wobei es ihm gelang, immer wieder neue Lichter durch sein dichterisches Werk in dieses Dunkel zu setzen.

Joseph Roth

Am 27. Mai 1939 starb Joseph Roth in Paris, erst 45 Jahre alt. In Schwabendorf in Wolhynien wurde er geboren. In den kleinen jüdisch-polnischen Nestern an der russischen Grenze spielen die meisten seiner Romane, auch noch ein großer Teil seines letzten Buches, das ein Grabgesang auf das nun gänzlich zerstörte Österreich war. Dieser Roman, *Die Kapuzinergruft* (1938), eine Art Fortsetzung seines berühmten *Radetzkymarsch* (1932), schließt mit den Worten der österreichischen Hymne »Gott erhalte ...«.

Ein Jahr vor dem Ersten Weltkrieg trat Joseph Roth als aktiver Offizier in die alte österreichisch-ungarische Armee ein, in der er bis zu ihrem Zusammenbruch diente. 1921 begann er als Journalist für die *Frankfurter Zeitung* zu schreiben. Und nun folgen in kurzen Abständen seine erzählenden Bücher, die ihn berühmt gemacht haben. Sechzehn Romane, drei Bände Reportagen und Essays und etwa ein halbes Dutzend größerer Novellen umfaßt das Werk dieses geborenen Erzählers, dem es gegeben war, in einer scheinbar kunstlosen, aber von innen her wundersam erleuchteten Sprache zu erzählen, wirklich zu erzählen und nicht zu reflektieren, und Menschen aus Wort zu schaffen, die allen unvergeßlich bleiben werden, die ihnen in den zutiefst musikalischen Büchern dieses Dichters begegnet sind.

Joseph Roth war Jude und Katholik, gewiß eine seltsame Mischung. Auf einer Postkarte aus Paris vom 8. Februar 1939 schrieb mir Joseph Roth: »Katholik bin ich seit dem Kriege.« Dennoch hörte er nicht auf, sich immer wieder zum jüdischen Volk zu bekennen. Mit großer Liebe und einer Zartheit der Zeichnung, die keinem anderen wie ihm gelang, schuf er in seinen Romanen *Hiob* (1930), *Tarabas* (1934) und *Das falsche Gewicht* (1937) das Bildnis des einfachen, schlicht-frommen Ostjuden, der Gott so nahe ist, daß er sogar mit ihm hadern darf. Roth zeichnete Typen, wie sie uns Perez und Mendele schenkten, aber seine Blickrichtung war eine andere, und so entstand ein ganz neues Bild dieser Welt. Es erinnerte mich immer an Chagall. Legende und Niggun (Melodie) durchklang sie wehmütig-leis, Sünde und Leidenschaft lauerten unter ihrer frommen Hülle, und die realistisch gesehenen Dinge wurden immer wieder in das Licht einer traumhaften Überwirklichkeit getaucht. In seiner Essaysammlung *Juden auf Wanderschaft* (1927) zeigt er echtes Mitgefühl für das Schicksal des Ostjudentums (die Westjuden waren damals noch nicht auf Wanderschaft).

Roths Liebe zu den schlichten Juden des östlichen Ghettos verband sich mit einer Art jüdischem Selbsthaß und mit christlicher Frömmigkeit und ehrfürchtiger Ergebenheit gegenüber der Römischen Kirche.

Ich erinnere mich eines merkwürdigen Osterartikels, den Roth 1937 in der *Pariser Tageszeitung* veröffentlichte. Es war ein Kommentar zur Pessach-Haggada und zum Auferstehungskapitel der Evangelisten. Auszug aus Ägypten und Auferstehung Christi wurden in seinem Denkbild zur unlösbaren Einheit.

So stehen auch in seinem merkwürdig-apokalyptischen Buch *Der Antichrist* (das leider schon deutlich die Spuren beginnender geistiger Umnachtung trägt), die sechsunddreißig verborgenen Gerechten, die »Lamed-Wufniks« des chassidischen Volksglaubens, neben den Heiligen der Kirche. Jude und Katholik, Deutscher und Österreicher, Monarchist und Revolutionär – ein »Mensch mit seinem Widerspruch« und ein Dichter von hohen Graden war Joseph Roth.

In den bitteren Jahren einer doppelten Emigration, die ihn von Berlin zunächst nach Wien und nach dem Fall Österreichs nach Paris führte, kämpfte er unausgesetzt, mit Pathos und Ironie, in unzähligen Artikeln in der Presse der Emigration, gegen Nazismus und Faschismus, den »Antichrist«. Selbst wo er zuweilen ins Aberwitzige umschlug, hatte seine zornbebende Sprache noch unvergleichliche Gewalt, in der der große Schlag eines wachen Herzens nachzitterte.

In seiner Novelle *Die Legende vom heiligen Trinker* (1939) hat sich Joseph Roth gleichsam selbst einen wunderbaren Nekrolog geschrieben. Er hat in den bitteren Jahren der Pariser Emigration, die ihn in Armut und Verlassenheit stürzten, den Trost im Glas gesucht. Es ist nicht richtig, wenn etwa im »Lexikon des Judentums« (1967) vermerkt wird, daß Joseph Roth durch Selbstmord geendet habe, aber es war ein Sich-Aufgeben.
Die Novelle vom heiligen Trinker schließt mit dem Wunsch: »Gebe Gott uns allen, uns Trinkern, einen leichten und schönen Tod«.

V
Zwischen Mythos und Realität

Oskar Goldberg

Vorbemerkung
In der Nacht des 13. August 1953 erlag in Südfrankreich ein einsamer Mann im 67. Lebensjahr einem Herzanfall. In der jüdischen Abteilung des idyllisch-schönen Friedhofes von Monaco wurde der Mann begraben. Zwei Freunde und einige unbekannte Juden aus der Umgebung folgten dem Sarg. Der Einsame, der da so rasch und unauffällig beerdigt wurde, hieß Oskar Goldberg und war einer der unabhängigsten Geister des modernen Judentums, ein genialer Mensch.

Bekenntnis
Im August 1934 las ich (noch in München) im 5. Heft jener sonderbaren Zeitschrift einer »Gefolgschaft deutscher Juden«, die sich *Der deutsche Vortrupp* nannte, einen Aufsatz »Secessio Judaica – Israel in Ewigkeit« von Hans Joachim Schoeps. In diesem Artikel erklärte der Autor, daß die Kehilla (die jüdische Gemeinde) die Traditions-Wahrheit des Judentums verwalte und fuhr fort: »sie schweigt und folgt auf dem verkündeten Irrweg nicht nach, wie für die Neuzeit Westeuropas die Fälle Konstantin Brunner und Oskar Goldberg lehren«. Konstantin Brunner kannte ich, den Neo-Spinozisten im Judentum, aber wer war Oskar Goldberg? Ich machte ein Fragezeichen hinter den Namen dieses Mannes, der hier als moderner Ketzer avisiert war und ... vergaß ihn, da die Lexika keine Auskunft gaben. (Wenigstens nicht unter dem Stichwort Goldberg.)
Der Name war weithin unbekannt. Als, ebenfalls um 1934, der protestantische Theologe Hans Kosmala an die Zionistische Vereinigung für Deutschland in der Meineckestraße zu Berlin schrieb, um die Adresse Oskar Goldbergs zu ermitteln, antwortete man ihm: Sie meinen wohl Oskar Wolfsberg. Er meinte aber ... Oskar Goldberg.
Aber schicksalhaft trat der Mann wieder in mein Leben, es

geistig mitformend, wie nur wenig andere. 1935 kam ich nach Jerusalem und bald lernte ich hier einen eigentümlichen Mann kennen, der heute auch nicht mehr unter den Lebenden weilt: Wolfgang Emanuel Ollendorff, ein Bohemien aus Berlin und Neffe von Alfred Kerr. Dieser Mensch war einerseits dem Judentum sehr fern, hatte von Hause aus keine jüdischen Kenntnisse und Eindrücke mitbekommen, war aber andererseits von einer kritischen Liebe zum alten Hebräertum der Urzeit erfüllt – und der Erwecker dieser Leidenschaft für die frühbiblische Vergangenheit unseres Volkes war Oskar Goldberg. Durch Ollendorff lernte ich auch den Arzt Dr. Joseph Marcus kennen (auch er mußte vor seiner Zeit dahingehen). Dieser stille Denker verband naturwissenschaftliche Kenntnisse mit einem scharfen philosophischen Verstand, und beides setzte er zur Durchdringung der hebräischen Antike ein, angeregt durch ... Oskar Goldberg.

Durch Ollendorff und Marcus erfuhr ich, daß es in den zwanziger und dreißiger Jahren in Berlin einen esoterischen Kreis gab, der sich »Philosophische Gruppe« nannte. Dem Kreis gehörten u. a. an: Erich Unger, Adolf Caspary und Ernest Fränkel, die mit philosophischen Arbeiten eigenartiger Prägung hervortraten. Das Haupt der Gruppe, ihr unbestrittener Meister aber war Oskar Goldberg.

Die dritte Position

In der Betrachtung der Bibel gibt es, im allgemeinen, zwei Möglichkeiten: die theologische und die kritische. (Ich vereinfache hier bewußt.) Die theologische Betrachtungsweise, die man auch die orthodoxe, die dogmatische oder die fundamentalistische nennen kann, sieht, roh gesprochen, in der Heiligen Schrift eine Art »Himmelsbrief«, die unmittelbare Offenbarung Gottes. Sie spricht daher von einer Verbalinspiration, d. h. daß jedes Wort in der Bibel (oder in der Thora) unmittelbar Gottes Wort ist. Die *Wunder,* die in der Bibel berichtet werden, sind wörtlich zu verstehen und zu *glauben,* obwohl man sie mit dem Verstande nicht erfassen kann. – Die kritische Betrachtungs-

weise, die man auch die historische, die philologische oder die analytische nennen kann, sieht, roh gesprochen, in der Heiligen Schrift ein Stück antiker Literatur, das mit den kritisch-philologisch-analytischen Mitteln moderner Textforschung erschlossen werden will.
Im wesentlichen sind alle Bücher über die Bibel einer der beiden Kategorien zuzuweisen.
Oskar Goldberg aber erschloß eine dritte Position: er war Rationalist, aber er behauptete zugleich die Verbalinspiration des Pentateuch. (Nicht des ganzen Alten Testaments: er unterschied zwischen Thora und Propheten und Schriften überspitzt scharf und meinte einmal: ein Satz aus der Thora verhält sich zu einem späten aus den Psalmen wie ein Satz aus den indischen Veden zu einem aus einem Leitartikel im *Berliner Tageblatt*...)
Wie war das möglich? Wie konnte ein Autor kritischen Verstandes erklären, geglaubt muß gar nicht werden, was nicht zu beweisen ist, einen »unerforschlichen Ratschluß Gottes« gibt es nicht: ich aber sage euch, jedes Wunder, das in der Thora beschrieben ist, ist wortwörtlich wahr und kann bewiesen werden, jedes Wort, das in der Thora steht, ist unmittelbar Wort Gottes und kann als solches erkannt werden.
Die beiden Behauptungen verschlugen mir den Atem, und ich begann Goldbergs Werk zu studieren. (In meinem Jugendwerk *Jenseits von Orthodoxie und Liberalismus,* Tel Aviv 1939, sind [S. 77 ff.] ganze Partien der Auseinandersetzung mit Goldberg gewidmet, der mich nie mehr ganz losgelassen hat.) Nun aber zu den zwei fundamentalen Axiomen Goldbergs:
1. Jedes Wort in der Thora ist Wort Gottes.
2. Alle Wunder der Thora sind wörtlich wahr und erklärbar.
Dem Beispiel des 1. Axioms ist Goldbergs Jugendarbeit gewidmet: *Die fünf Bücher Moses, ein Zahlengebäude*. Berlin 1908. Diese Arbeit erschien 1947 zum zweiten Male in endgültiger Fassung als Sonderdruck der *Revue Juive* in Genf, unter dem Titel: *Das Zahlengebäude des Pentateuch, eine Geheimschrift in den 5 Büchern Moses.*
Durch die hermeneutischen Regeln der talmudischen Exegese

einerseits, die Goldberg in der Jugend im Berliner Beth-Hamidrasch in der Heidereutergasse bei Abraham Biberfeld studierte und durch die moderne Bibelkritik andererseits, die ihm allerdings durch einen ihrer geistvollsten Gegner, Dr. Joseph Wohlgemuth, am Berliner Rabbinerseminar vermittelt wurde, stieß Goldberg weiter vor und kam zur Erkenntnis eines Septimalsystems im Pentateuch. Die heilige Sieben-Zahl wird als grundlegendes Stilmittel des Pentateuch dargestellt, hinzu kommt eine zahlenmäßige Exegese des Textes, hat jedes hebräische Wort doch zugleich einen Zahlenwert, und die genaue Analyse des Tetragramms JHWH, als dessen Entfaltung der ganze Pentateuch dargestellt wird. So wie ein Kristall in seinen Facetten die wunderbare Entwicklung einer Urform ist, so entfaltet sich für Goldberg die ganze Thora, mathematisch durchgeführt, aus dem vierbuchstabigen Gottesnamen. Das kann niemals Werk eines oder mehrerer Menschen gewesen sein, sondern ist unmittelbare Ur-Schöpfung Gottes. (Ich kann hier natürlich nur die merkwürdige Behauptung wiedergeben; die Durchführung der These gab Goldberg mit mathematischen Mitteln, denen ich kaum gewachsen bin.) In der Fachzeitschrift *Scripta Mathematica,* Sept. 1946, gab Goldberg eine Zusammenfassung seiner diesbezüglichen Thesen.

Die zweite Behauptung von der Beweisbarkeit der Wunder ist eines der Hauptanliegen von Goldbergs Hauptwerk: *Die Wirklichkeit der Hebräer* (Berlin 1925, 300 S.). Das Buch nennt sich: *Einleitung in das System des Pentateuch.* (Nur der erste Band ist erschienen. Weitere Teile werden sich in dem, wie ich von Goldbergs Schüler Isi Hepner in Los Angeles höre, umfangreichen unveröffentlichten Nachlaß befinden.)

Die Grundthese Goldbergs läßt sich eigentlich in dem alten Wort der Mystik zusammenfassen: *Finitum est capax infiniti.* (Das Endliche ist imstande das Unendliche zu fassen.) Ein Paradox – gewiß, und dem Erweis dieses Paradoxons ist Goldbergs Werk gewidmet.

Gott ist größer als die Welt, die seine Schöpfung ist. Wenn Gott aber, rein extramundan, völlig außerhalb seiner Welt bleibt,

dann wird sie mehr und mehr der Spielball dämonischer, antigöttlicher Kräfte. Deshalb *will* Gott, als Garant der Gerechtigkeit, in seine Welt eintreten. Würde er dies aber in seiner ganzen Machtfülle tun, so würde der Kosmos zum Chaos zerbrechen. Deshalb muß ein Weg gefunden werden, der es der Gottheit ermöglicht, in reduzierter Form innerhalb der Schöpfung anwesend zu sein. Dieser Weg ist das *Ritual,* wie es der Pentateuch vermittelt im Kulte des Ohél-Moéd, des Stiftszeltes, den Goldberg für den allein metaphysisch wirksamen Kult hielt. Alle späteren Formen – Tempeldienst und Gebetsgottesdienst der Synagoge – sind Degenerationen des ursprünglichen, metaphysisch funktionierenden Stiftszelt-Kultes. Goldberg kam also zu einer gewissermaßen magischen Interpretation der Thora.
Franz Rosenzweig, der Religionsphilosoph des *Stern der Erlösung* und der Mitarbeiter Bubers an der Bibelübersetzung, schrieb am 2. Mai 1927 an den Genesis-Kommentator B. Jacob über Goldbergs *W. d. H.:* »In einer Schale von Wahnsinn viele gute exegetische Kerne.«
Das Urteil ist hart und zugleich bedeutsam. Das mythische Denken Goldbergs ging davon aus, daß der Mensch die Kräfte der Natur auf zwei verschiedene Weisen bannen kann, durch Technik (Physik) und Metaphysik.
In unserem technisierten Zeitalter sind die Wege der Metaphysik unverständlich geworden, aber sie sind nicht weniger real als die der Technik. So sieht Goldberg in den Wundern des Pentateuch »Instrumente der Politik«. Völkerbefreiende Wunder aber, wie der Auszug aus Ägypten, waren für ihn das alleinige Kennzeichen wahrer Weltpolitik.
Goldberg war nicht eigentlich Monotheist; er war Monolatrist. Im Sinne uralter Stellen, wie dem Gesang am Schilfmeere, Ex. 15, 11, oder dem Bekenntnis des Jithro, Ex. 18, 11, sah Goldberg in JHWH den mächtigsten Gott, der im Kampfe mit den Dämonen oder Elim oder Elohim (im Sinne der Mehrzahl) liegt und hierin in Israel seine irdische Heerschar sich geschaffen hat, um die »milchamoth JHWH«, die Kriege Gottes, durchzuführen. Mit philologischer Akribie – Goldberg war ein ausgezeich-

neter Hebraist! – führte er diese exegetischen Gedanken durch. Universitätsdozent Dov Sadan machte mich schon vor Jahren darauf aufmerksam, daß Goldbergs Zahlengebäude-Theorie in einer Arbeit des messianischen Schwärmers Schlomo Molcho aus dem 16. Jahrhundert ein (wahrscheinlich Goldberg unbekanntes) Vorbild hat. Ebenso finden sich viele Gedanken Goldbergs in der Kabbala (Sohar, Buch Jezira usw.) wieder. Das war Goldberg natürlich bekannt, und er sah sich ja als einen Erneuerer verschütteter Traditionen des alten, echten Hebräertums. Ich möchte meine eigene Stellung zu Goldbergs Philosophie in den Worten zusammenfassen, die einst Wilhelm Wundt über G. Th. Fechner schrieb: »In der Tat, seine Philosophie ist phantasievoll, aber phantastisch, im Sinne eines die Wirklichkeit willkürlich verändernden Spieles der Phantasie ist sie nicht. Freilich bietet sie überall bloße Denkmöglichkeiten.« Goldbergs *Wirklichkeit der Hebräer* ist ein schwer zugängliches philosophisch-exegetisches Werk, deshalb tat Goldbergs Jünger Erich Unger gut daran, eine eigene Einleitung in die *W.d.H.* zu publizieren: *Das Problem der mythischen Realität* (Berlin 1926).

Gleichermaßen reich an tiefsten Erkenntnissen, aber auch an Absurditäten, an umwälzenden Erkenntnissen des frühbiblischen Gottesbegriffes (Nachtseite des Elohim) und wiederum an naiver, mechanistischer Auffassung des Rituals, ist dieses Hauptwerk Goldbergs, die *Wirklichkeit der Hebräer*, noch lange nicht voll gewürdigt und in seinen Möglichkeiten ausgeschöpft.

Anti-Maimonides

Im Jahre 1935 beging die jüdische Welt den 800. Geburtstag des Maimonides, des größten jüdischen Scholastikers. Goldberg nahm dies zum Anlaß zu einer Generalabrechnung nicht nur mit Maimonides, sondern mit allen Strömungen des modernen Judentums, die er auf Maimonides zurückführte: Orthodoxie, Liberalismus und Zionismus.

Das Buch, in welchem Goldberg so, als eristischer Denker, am

persönlichsten spricht, heißt: *Maimonides. Kritik der jüdischen Glaubenslehre* (Wien 1935).
Allen offiziellen Formen des Judentums stellt Goldberg seine Idee des mosaischen Hebräertums gegenüber, das er für das allein legitime Israel hielt. Die Degeneration begann, nach Goldberg, schon unter David und Salomo, die das ursprüngliche Ritual zur Farce umfälschten. Schließlich gipfelte Goldbergs Forderung in einer jüdischen Heidenmission. Er wollte noch »kultfähige« Primitive, etwa die Tibetaner, zum Ritual der hebräischen Urzeit bekehren. Daß diese Pläne vollkommen irreal waren, gab Goldberg nur zögernd zu. Noch in einem ausführlichen Schreiben an mich vom 28. September 1947 bemerkte er sehr bitter: »Das Verbrechen der Juden ist: das Gebot, Mission zu treiben, unterdrückt zu haben.«
Er nahm Beziehungen zur UNO in New York auf, um einen Kontakt mit dem Fernen Osten herzustellen. Schon früher hatte er Expeditionen nach dem fernen indischen Tibet unternommen. Sein Ziel war, wie er ausdrückte, eine »Mission der Bibel im Fernen Osten«.
In Oskar Goldberg vereinigten sich auf einmalige Art seltsame Gegensätze: er war Rationalist und Mystiker, Konservativer und Revolutionär, hebräischer Nationalist und Universalist – »fasse es, wer es fassen kann«.
Thomas Mann, der Goldberg zeitweise hoch schätzte und seine Studie *Die Götter der Griechen* in seiner Zeitschrift *Maß und Wert* (Nr. 2, 1937) veröffentlichte, zeichnete in seinem Roman *Doktor Faustus* (Stockholm 1947) ein ironisches Porträt Goldbergs (S. 429–437). Goldberg heißt hier Dr. Chajim Breisacher, und also läßt sich der Dichter über ihn vernehmen:
»Für ihn waren solche jedem Christenkinde ehrwürdigen biblischen Personnagen wie die Könige David und Salomo, sowie die Propheten mit ihrem Salbadern vom lieben Gott im Himmel, bereits die heruntergekommenen Repräsentanten einer verblasenen Spät-Theologie, die von der alt- und echten hebräischen Wirklichkeit des Volks-Elohim Jahwe keine Ahnung mehr hatte und in den Riten, mit denen man zur Zeit echten

Volkstums diesem Nationalgott diente oder vielmehr ihn zu körperlicher Gegenwart zwang, nur noch ›Rätsel der Urzeit‹ sah.«

Thomas Mann hat in seiner Josephs-Tetralogie viel von den Erkenntnissen und Theorien Goldbergs verwendet.

Wie Helena, »Bewundert viel und viel gescholten«, ragt die geistige Gestalt des großen Einzelgängers Oskar Goldberg in unsere Zeit. Aber, wie immer man zu ihm stehen mag: Bibelwissenschaft und Religionsphilosophie werden um Goldbergs umwälzende Thesen nicht herumkommen: sie stellen ein Problem der Zukunft dar.

Alfred Mombert

»Liebesgeflüster und Heldensage,
Alles, was ich in den Welten wage,
Ist nur das Wort ...«

Alfred Mombert

»Heilig haltet die Ekstasen ...«

Chr. Morgenstern

In seinem Lebensgedenkbuch *Führung und Geleit* erzählt Hans Carossa eine besinnliche Geschichte aus dem Weltkriege. Abgeschnitten von aller Welt, tief in den Karpathen, war Carossas einziges Buch das Gedichtwerk *Der Denker* von Alfred Mombert. Von diesem Buche erzählt Carossa: »Mein Exemplar des Mombertschen Werkes war nur geheftet und fiel allmählich in einzelne Bogen auseinander. Einen verlor ich beim Lesen am Biwakfeuer; ein Feldwebelleutnant bemerkte es, hob ihn auf, sah hinein, schüttelte den Kopf und fragte, was denn das wäre. Schon wollte ich Auskunft geben, besann mich aber und sagte, dies seien Übersetzungen aus dem Sanskrit, uralte indische Gedichte, vor etwa 2000 Jahren geschrieben. Der einsilbige Mann, ein Buchbinder aus Würzburg, nahm nunmehr die Blätter, die er schon zurückgeben wollte, ehrfürchtig noch einmal an sich und studierte mit krauser Stirn die geheimnisvollen Zeilen.« – »Das waren noch Kerle, diese Sanskritiker«, meinte er schließlich, »die haben mehr von der Welt gewußt als wir.«
In dieser scherzhaft-ernsten Zwiesprache lebt eine tiefe Wahrheit. Es ist schon so: Momberts Dichtung hat etwas Urweltliches, sie klingt wie Fetzen einer gewaltigen Schöpfungsmelodie, herübergeweht von einem Sternenwind aus kreisenden Planetenwelten in das dumpfe Geviert unseres Tages. Sie ist Protest gegen die Kausalität des Trivialen, Rückerinnerung prophetischen Geists an die Keimtage der Erde, Inthronisierung der Idee der Dinge (im platonischen Sinne), Herrschaftsansprüche der Sphärenordnungen über die Logik des planen Witzes.

Es versteht sich, daß ein Dichter, der so Ungeheuerliches wagt – eine Kunst des Unwirklich-Überwirklichen, die sich aller vertrauten Relation hochmütig entschlägt – oft mißverstanden wurde und nicht in die Masse einzudringen vermochte. Sein Drang, den er in der *Blüte des Chaos* mit diesen Worten kennzeichnet:

»Mich aber drängt es
Mit weiten Schritten über den Wolken
Fortzuwandern ins Nie-Betretene ...«

ist nicht Drang der Masse, die immer wieder das Warmvertraute sucht, die dem Dichter vertrauensselig zunicken will, oder begeistert einzustimmen bereit ist in den erlösenden Wortgesang ihrer gestaltlosen Wünsche, oder besinnlich den eigenen Traum begreift in den Versen des Anderen. Von alledem ist freilich bei Mombert kein Hauch zu spüren, ausgenommen der erste Gedichtband *Tag und Nacht* (1894), in dem Soergel noch »Anklänge an Heine« zu hören wähnt, indes Klabund meint, der Dichter habe von Nietzsche und Stefan George, den »ernsten Hergereisten«, die neuen Lieder gelernt.
Aber bereits der *Glühende* (1896) ist ganz auf Momberts ureigenste, schwer-faßliche, immer wieder anziehende und durch ihre chaotische Dunkelheit abstoßende, immer wieder zur Auseinandersetzung zwingende Melodie abgestellt.
In seinem großen Essay über Alfred Mombert (in *Kampf um Israel,* Berlin 1933) meint Martin Buber, »über dieser Welt (...) steht der Gottesname Schaddai: ›Der der Dämonen Waltende‹«, aber uns scheint es eher, als ob der Dichter, den wir früher als Platoniker ansprachen (weil seine Worte nicht das Exemplar meinen, sondern die *Idee* der Dinge, auch auf das verweist Buber in seinem meisterlichen Essay), uns hier als Gnostiker begegnet. Denn der Schöpfer Momberts ist der Demiurg der marcionischen Gnosis. Die Schöpfung ist durch und durch dämonisch, »kein der Dämonen Waltender«, es sei denn der sich als Weltmitte erlebende Dichter, vermag sie zu zügeln. – Im *Denker* (1901) bricht das Kontemplative durch; in diesem Ge-

dichtwerk, von dem Carossa sagt, es sei eine »bald überklare, bald seltsam dunkle Dichtung, die (...) hoch über dem alltäglichen Menschenleben schwebt und hallt«, bekennt sich der Dichter rückhaltlos zur Bruderschaft mit dem Kosmos, die ihn oft unserem Verständnis entzieht:

»Sonne und Mond sind mein einziger Verkehr.
Vielleicht noch das Feuer, vielleicht noch das Meer.«

Keinem Freunde, keinem Irdischen ist diese ganz kosmische, sternkalte Glut dargebracht, sondern – dem Sternbild Orion. Es sind immer wieder die ewig-mythischen Geschehnisse, der Kampf zwischen Kosmos und Chaos, Geschichte und Ewigkeit, Mann und Weib, die Mombert zu seinen Gedichtwerken begeisten und begeistern, sie sind Grundakkorde seines *Atair* und *Held der Erde*. Es ist schwer, in dieser sternklaren Sphärenwelt urzeitlich-zeitloser Träume heimisch zu werden, desto dankbarer nehmen wir gelegentliche Verdichtungen allmenschlicher Gefühle und Erlebnisse, wie etwa diesen vollendeten, ganz Musik gewordenen Sechszeiler, eine unendlich friedliche Idylle, entgegen:

»Ein Haus ..., nur der Grille Stimme klang
In die stillen Bereiche.
Manchmal, eines Mädchens kühler Sang,
Der wellengleiche.
Und ein Kind, ein Knabe, lag tagelang
Am zitternden Teiche.«

Mombert ist nicht nur Lyriker; im »symphonischen« Drama erschließen sich die letzten Tiefen seiner herb-mystischen Kunst. Aber als Mombert 1909 die berühmt gewordene Auswahl seiner Gedichte *Der himmlische Zecher* vorlegte (Kenner halten diesen Auswahlband für den besten Führer zu Momberts Werk), wurde der unlösliche Zusammenhang seiner Lyrik und Dramatik, die beide Teile *eines* Gesamtdichtwerkes sind, klar. Dies ist durchaus keine Selbstverständlichkeit; viele Autoren gingen im Drama ganz andere Wege als in der Lyrik, man denke etwa an Else Lasker-Schüler, deren naturalistisches, sozialkritisches Drama *Die Wupper* in schärfstem Gegensatz zur expressionistischen Traumwelt ihrer Lyrik steht. Für Mombert aber ist gerade die Einheitlichkeit seines Werkes bezeichnend. So wie er keine Gedichte (als Einzelkunstwerke) schafft, sondern »Gedichtwerke«, die als Ganzes genommen werden wollen, so ist auch der Reigen seiner Bücher letztlich als ein großer Welt-Gesang zu begreifen.

Fünf dramatische Dichtungen hat uns Mombert gegeben: die *Aeon-Trilogie* (1907–1911) und *Aiglas Herabkunft* (1929) und *Aiglas Tempel* (1931). Nicht nur eine stilistische Einheit und eine aus dem Ausgerichtetsein auf das kosmische Geschehen stammende kennzeichnet diese Dramenkreise, sie hängen auch personell und fabelmäßig untereinander zusammen.

Das erste Spiel der Aeon-Trilogie *Aeon der Weltgesuchte* ist ganz Ich-Drama, in dem alles szenische Geschehen nichts anderes ist als eine Transformierung seelischer Wirklichkeiten in äußere Vorgänge. Mit Recht haben viele Literarhistoriker darauf hingewiesen, daß Mombert mit diesem Aeon-Drama zum Vorläufer des Expressionismus wurde. Friedrich Kurt Benndorf, der Biograph und Herold Momberts, hat im ersten seiner beiden Bücher über den Dichter, im *Aeon-Mythos,* das erste Drama eine »kosmische Menschheitsgeschichte« genannt und damit seinen Wesensgehalt umrissen. *Aeon zwischen den Frauen,* das zweite Drama der Trilogie, läßt Aeon, den Helden, schwanken zwischen Kosmos und Chaos, die symbolisiert werden durch die licht-zarte meerentstiegene Tiona und die chaotisch-abgründige Ur-Frühe. Weder die Klarheit des Kosmischen (Tiona) noch der Wirbel des Chaos (Ur-Frühe) vermögen Aeon die »ewige Zeit der schönen Liebe« zu schenken, erst ihre Vereinigung beglückt ihn.

Den Abschluß der Trilogie bildet der Völkerpreisgesang *Aeon vor Syrakus,* in dem in sizilianischer Landschaft ein Normanne, ein Araber, ein Phöniker und ein Grieche Aeon begegnen und dieser mit Semiramis, der Völkermutter, ein neues »aeonisches« Erdengeschlecht zeugen will, von dem Aeon ausruft:

»Ich sage euch: es wird ein jüngstes Volk.«

Aber dieses »jüngste Volk« wird nicht sein. Der »alte Chaotiker«, dargestellt durch einen Aeon mit glühender Armbrust erlegenden Riesen, fällt Aeon. Wieder bricht hier das gnostische Urgefühl durch, welches Mombert in einem Gedicht aus dem Jahre 1896 umschrieb, das mit den Worten »Gott ist vom Schöpferstuhl gefallen« beginnt und endet: »und die großen Werke sind vollendet und vollbracht.« Das Ende des Aeon-Geschehens faßt Martin Buber in zwei Sätze, die hier zitiert seien: »In großer Stunde, am Ende eines Weltalters, sterben die Völker und Aeon ihnen nach. Aber aus dem Sterbenden steigt der Geist in neuer Gestalt auf, Sfaira, die Freude des Menschen.«
Sfaira, das »Aeonische Aeons« aber kündet in eschatologischer Verzückung:

»Dann werden Blumen blühen wie noch keine.
Dann kommt ein großer Frühling über die Welt.
Dann werden Menschen blühen wie noch keine.«

Was macht diese dramatischen Dichtungen so überaus schwer zugänglich, was hat ihnen bis heute die Bühne versperrt? Albert Soergel trifft das Befremdende an Mombert, wenn er ihn nennt: »einen Dichter ohne Raumsinn, Zeitsinn (...) eine Kunst ohne vergleichende Maße.« Verstehen aber heißt vergleichen, in-Beziehung-setzen. Nur wenigen ist es gegeben, ihre eigene innere Welt mit der Momberts in Kontakt zu bringen.
Aeon ist tot, Sfaira seine neue Inkarnation, aber durch *Aiglas Herabkunft* (1931) ist die Welt wiederum des Gottes voll, dem Mombert in *Aiglas Tempel* sein Heiligtum errichtet. Wir zeigten die Schwierigkeiten auf, die der Erfassung von Momberts Dramen im Wege stehen, dennoch sollte der Versuch einer Aufführung gewagt werden.
Als Aeon der Helm vom Kopfe fiel und er den Streichen des Chaos-Riesen erlag, schlug die Geburtsstunde Sfairas, des »Aeonischen Aeons«; mit dem Helme des toten Helden ge-

schmückt, steigt er in die »ewigen Wandel-Welten« empor. Und nun ward auch er alt. Als *Sfaira der Alte* tritt er in dem neuesten Werke Momberts (Berlin 1936, Schocken-Verlag), dem Abschluß des Sfaira-Mythos, uns entgegen.

Abschied nimmt Sfaira von Deutschland, – »sehr heilig ist dort im Tau der Morgen« – zum Berge der Hohenstaufen geht er, ins Fichtelgebirge, ins Erzgebirge, dann aber aufbrechend über Venedig, dem »Traum-Werk großer Meister«, zieht Sfaira der Alte »in das Fern-Land – hin nach Indien«. Hellas streifend, noch einmal die Landschaft des dritten Aeon-Dramas, fährt er ins Morgenland, nach Indien, wo die Zauberer lagern am Geheimnisgebirge Himalaja. »Sfaira der Alte steigt. Steigt himmelan« und wird schließlich selbst »zum Sternbild Sfaira«. Auf dem Gipfel des Berges Moira hebt er dann die große Liebessage von Radha-Hari zu singen an.

Im zweiten Teil des Werkes *Gegenüber dem Morgenstern* wird noch einmal das Bild des dämonischen Schöpfers beschworen, der seine Welt einreißt.

Dann aber, im letzten Gedichtkreis, der *Aeonischen Reise*, erwächst aus der Zwiesprache zwischen Okorma, der Gefährtin auf der Reise ins Ewige, und Sfaira, dem Alten, das große Sehnsuchtsbild Momberts, »die Strahlen-Einsamkeit (...) der Reigentänze seiner inneren Sonnen.«

Alle Sehnsucht ist dann gelöst, er selbst ist der Kosmos, nach dem ihn bräutlich verlangt und er, der überkühn von sich sagte:

> »Ich bin die Musik der Welt.«

ist selbst Welt, erfüllt von kreisenden Sonnen.

Geschlechter fallen und steigen, der Dichter Mombert aber, gehörend den ewigen Wandel-Welten, sinnt sich fort in aeonische Stern-Traumreiche, die ihn unsere Welt schauen lassen wie einen wimmelnden Termiten-Hügel.

VI
Im Namen der Menschlichkeit

David Frankfurter

Am 19. Juli 1982 verstarb im Ichilov-Krankenhaus in Tel Aviv David Frankfurter, der in das Bewußtsein der Zeit und der jüdischen Geschichte als der erste Jude einging, der aktiven Widerstand gegen die Nazis wagte.
Am Montag, den 3. Februar 1936 erschoß David Frankfurter den Gauleiter der Nationalsozialisten in der Schweiz, Wilhelm Gustloff, in seiner Wohnung in Davos durch fünf Revolverschüsse.
Er hatte für dieses Attentat, mit dem er das Weltgewissen wekken wollte und den nazistischen Umtrieben in der Schweiz ein Ende zu bereiten gedachte, mit einer auf neunzehn Jahre berechneten Gefängnisstrafe in Graubünden zu büßen. Er saß in den Gefängnissen von Orbe und Chur ein, wurde nach Kriegsende 1945 begnadigt und wanderte sofort nach Israel aus.
Der Verlag der Histadruth »Am Oved« forderte Frankfurter auf, seine Memoiren zu schreiben, aber dieser war dazu nicht in der Lage. Die Nachwirkungen der langen Gefängnishaft hatten die kreativen Kräfte des damals noch jungen Mannes (David Frankfurter wurde am 9. Juli 1909 in Daruvar in Jugoslawien geboren, wo sein Vater Dr. Moshe Frankfurter Gemeinderabbiner war) gelähmt. Er wandte sich hilfesuchend an den Schriftsteller Max Brod in Tel Aviv, der aber mit eigenen Arbeiten so überlastet war, daß er die Abfassung der Memoiren nicht übernehmen konnte und Frankfurter mit herzlichen Empfehlungen an mich verwies.
Da erschien er nun eines Tages im Frühling 1946 in meiner Wohnung in Jerusalem-Romema, ein überaus liebenswürdiger, etwas gehemmter Mensch, dem man die mutige Gewalttat kaum zuzutrauen vermochte.
Er sprach stockend, verlor oft den Faden und wurde immer wieder von den Gefühlen überwältigt, die ihn zehn Jahre vorher zu seiner Tat getrieben hatten.

In den Monaten März bis Juni 1946 entstand nun das Buch, das unter dem hebräischen Titel *Nakam* (Rache) im Februar 1948 bei »Am Oved« in hebräischer Version erschienen ist. Frankfurter erzählte mir die Geschichte seines Lebens, und ich habe sie getreu diesem Bericht aufgezeichnet. Die in diesem Buch vertretenen Ansichten sind daher die Frankfurters; nur Formulierung und Stilisierung waren mein Werk.

Zu den Erzählungen David Frankfurters kam noch das Studium der Anklageschrift und des Urteils hinzu und die Lektüre einiger im Text angeführter Bücher und Zeitungsartikel. Eigentliches Aktenmaterial stand uns nicht zur Verfügung. Wir hatten es aus der Schweiz angefordert, ohne es jedoch zu erhalten. Aus nicht recht erfindlichen Gründen waren die dortigen Stellen nicht bereit, das Material herauszugeben. So mag manche Ungenauigkeit und Subjektivität im Zuge der Darstellung mit unterlaufen sein. Das war unvermeidlich. Dafür aber trägt das Buch das Gepräge der Unmittelbarkeit, es ist seinem Wesen und seiner Form nach eine Autobiographie, wiewohl es nicht von Frankfurter selbst, sondern von mir geschrieben wurde.

Ich wurde immer wieder gefragt, warum ich freudig und voll Begeisterung mich in den Dienst gerade dieser Aufgabe gestellt habe.

Es schien mir vor nunmehr bald vier Jahrzehnten, und es scheint mir auch noch heute, daß es das Leben David Frankfurters verdient, der Vergessenheit entrissen zu werden. Es ist ein Beispiel jüdischer Aktivität in einem Geschichtsabschnitt blutigster Verfolgungen der Juden und einer gefährlichen, entehrenden Lethargie, die unser Volk in der Galuth befallen hatte. Frankfurter war der erste, der die Waffe gegen den Todfeind unseres Volkes richtete. Das soll ihm unvergessen bleiben. Später folgten andere seinem Beispiel: Grynspan in Paris, die Helden des Warschauer Gettos, die jüdischen Partisanen in allen Ländern der Nazi-Okkupation, die jüdischen Soldaten in den Armeen der Alliierten und unsere Kämpfer von der Jüdischen Brigade und den anderen jüdischen Truppen aus Erez Israel. Aber David Frankfurter war der Erste. Er hat gehandelt und gelitten, und damit ist er, ohne es zu wissen und es zu wollen, ein Vorbild für seine Generation geworden.

Gerade der Fall Frankfurter zeigt uns aber, wie sehr ein zutiefst jüdischer Mensch mit sich ringen mußte, ehe er sich dazu entschloß, dem Feind mit der Waffe in der Hand entgegenzutreten. Und welchem Feind! Dem blutigsten und gemeinsten, den das jüdische Volk in seiner an Feinden und Leiden so überreichen Geschichte je hatte. Dieser Feind, der Nazi, verstand keine andere Sprache als die der Gewalt. Es wäre jedoch töricht und verfehlt, die Entscheidung, die sich Frankfurter so schwer abgerungen hat, auf ganz anders gelagerte politische Verhältnisse übertragen zu wollen.

Die Geschichte wiederholt sich nicht. Jede Geschichtsstunde fordert die ihr angemessene Entscheidung. Was gestern richtig war, muß es heute unter anderen Bedingungen durchaus nicht sein.

Bei der Abfassung von Frankfurters Memoiren erlebte ich die seltsame Verwandlung meines Ich in sein Du. Unsere Methode war folgende Prozedur: Morgens gegen neun Uhr erschien Frankfurter bei mir, las, was ich am Nachmittag geschrieben hatte, und erzählte mir dann etwa zwei Stunden weiter aus seinem Leben.

Bei der Durchsicht meines Manuskriptes verfiel Frankfurter oft ins Staunen, denn ich hatte Dinge geschrieben, die er nicht gesagt, aber gedacht hatte. Gleichsam telepathisch übertrugen sich auf mich seine Gedanken und Gefühle, die er nicht zu artikulieren vermochte.

Ich schrieb völlig ungehemmt, was mir möglich und sinnvoll schien, denn ich war immer bereit, wiederum alles zu streichen, was er nicht bestätigte. Es kam aber sehr selten zu solchen Streichungen, sogar Zitate, die er nicht anführte, fielen mir ein, was so erstaunlich nicht war, da wir doch einem ähnlichen Kulturkreis entstammten, sowohl in jüdischer wie in allgemeiner Hinsicht.

Frankfurters Leben erwies sich als vielschichtig. Durch Krankheit in früher Jugend war er geprägt. Das Medizinstudium, das

sein älterer Bruder leicht bewältigte, fiel ihm doch sehr schwer, so daß seine Studienpläne eigentlich als gescheitert gelten mußten, als er sich entschloß, das Fanal in Davos zu setzen.
Er wollte nach dem Attentat seinem eigenen Leben ein Ende setzen und fand die Kraft dazu nicht mehr, was als Fügung des Himmels anzusehen ist, denn es war ihm vergönnt, in Israel seßhaft zu werden, eine Familie zu gründen und als Beamter dem Staat zu dienen, den er so sehr herbeigewünscht hatte.
Seine Lebensgeschichte wurde später auch verfilmt. Schon lange bevor unser Gemeinschaftswerk entstand, hatte noch während des Prozesses Emil Ludwig 1936 ein kleines Buch *Schüsse in Davos* veröffentlicht, das den Fall Frankfurter darstellte, und 1945 erschien es unter dem Titel *David und Goliath. Geschichte eines politischen Mordes* in Zürich bei Carl Posen, angereichert um einen Epilog *David Frankfurter neun Jahre später.* Das Buch schenkte mir David Frankfurter, versehen mit seinem Ex libris.
Spätere Generationen werden Frankfurter und seine Tat in das Gefälle der jüdischen Geschichte einordnen. Da steht er, der einsame, gescheiterte Medizinstudent, der sein Leben für die Ehre seines Volkes geben wollte, zwischen Schalom Schwarzbard, der 1925 den ukrainischen Pogromisten Petljura in Paris erschoß, und Herschl Grynspan, der ebenfalls in Paris den deutschen Botschaftsrat von Rath durch Revolverschüsse niederstreckte. Schwarzbard soll über Frankfurter gesagt haben: »Noch ein Talmid« (Schüler). Er blieb nicht der einzige. Die Zeit der Wehrlosigkeit Israels ist vorüber. Das jüdische Volk hat gelernt, für seine Sicherheit und seine Ehre einzustehen.

Hermann Maas

Immer wenn ich an Hermann Maas denke, fällt mir der 92. Psalm ein:

> »Der Gerechte blüht wie eine Palme,
> Wie die Zeder im Libanon wächst er empor.
> Gepflanzt im Hause des Herrn,
> In den Höfen unseres Gottes erblühen sie.
> Noch im Alter grünen sie
> Um anzusagen, daß der Herr gerade ist,
> Mein Fels und ohne Tadel.«

So sehe ich ihn vor mir, den über Neunzigjährigen, getragen von Glaube, Hoffnung und Liebe, die dem Volk Israel und seinem Land galten.
Nicht wie viele andere, die erst durch die unsagbaren Leiden des jüdischen Volkes in den Unzeiten des Holocaust eine neue Sicht und Einsicht gewannen, war Hermann Maas.
Schon als Vikar in Lörrach fuhr er nach Basel zum Sechsten Zionistenkongreß, dem letzten unter der Führung Theodor Herzls.
Damals ging es um die kontroverse Frage Jerusalem oder Mombassa, Uganda oder das Land Israel. Unter dem Druck der Zionej-Zion, der Zionszionisten, mußten Theodor Herzl und Max Nordau den Uganda-Plan eines ›Nachtasyls‹ für das jüdische Volk aufgeben, und Herzl legte den Treuschwur

> »Vergeß ich dein, Jerusalem,
> soll meiner Rechten vergessen werden«

vor dem Kongreß ab.
Unter Juden aus aller Welt, die Herzl damals zujubelten, war auch der junge evangelische Theologe Hermann Maas, in welchem die Liebe zu Zion gewaltig aufbrach und sein späteres Leben motivierte.

Schon im Elternhaus wurde ihm die Ehrfurcht vor den Juden als dem Volke Gottes eingeschärft. Jetzt aber wurde er zum christlichen Zionisten, lernte Hebräisch und besuchte oft und oft das Land Israel, und als erster deutscher Geistlicher auch den Staat Israel, damals einer Einladung des Religionsministers Rabbiner Maimon Folge leistend.
Die Liebe von Prälat Maas zu Israel, Volk und Land, war in den Jahren der NS-Verfolgungen einer schweren Probe ausgesetzt. Maas aber bewährte das Wort aus dem ersten Johannesbrief: »Furcht ist nicht in der Liebe.« Er fürchtete sich nicht, brachte eine Mesusa, eine hebräische Pfostenschrift, an seiner Türe an, um so anzuzeigen, daß diese jederzeit jedem Juden offenstehe. Solche Demonstration blieb in Heidelberg nicht unbemerkt. Ein Kanzelverbot traf Pfarrer Maas, aber um Zions willen konnte er nicht schweigen und um Jerusalems willen nicht innehalten.
Zusammen mit Propst Heinrich Grüber in Berlin organisierte er ein Hilfswerk für die bedrohten Juden, und schließlich mußte er ihnen selbst in das Lager von Gurs folgen. Der 65jährige war noch zur Zwangsarbeit beim Straßenbau verurteilt, aber er durfte erleben, daß Gott auch und gerade dem Schwachen Kraft gibt.
Es ging im langen Leben von Hermann Maas wie im Leben Hiobs. Erst wurde ihm alles genommen und dann in reichem Maße wiedergegeben. Er wurde als Prälat der höchste Geistliche in der Badischen Landeskirche, er wurde Ehrenbürger von Heidelberg und Ehrendoktor der Universität.
Am meisten erfreuten ihn aber wohl die Ehrungen in Jerusalem, wo in der Gedenkstätte »Yad Vashem« in der Allee der Gerechten der Völker ein Baum für ihn gepflanzt wurde. Auch ein Wald des Jüdischen Nationalfonds in Israel trägt den Namen von Hermann Maas.
Seine hebräischen Briefe unterzeichnete er mit »Zvi Ben-Avraham«, einer alten Tradition folgend. Der Name Hermann wird im Hebräischen meist mit Zvi wiedergegeben, so etwa im Falle des Gründers des jüdischen Nationalfondes K. K. L., Hermann

(Zvi) Schapira. Ben-Avraham bedeutet ein Sohn Abrahams, des Vaters des Glaubens. Wer aus den Völkern stammt und sich Israel anschließt, der wird als ein Sohn Abrahams bezeichnet. Hermann Maas schloß sich in seinem lebendigen Glauben Israel an. Ich sehe ihn noch vor mir, eingehüllt in den Gebets-Schal, das Thallith, in der kleinen Synagoge deutscher Juden, »Emeth we-Emuna« in Jerusalem, wo er am Thorafreudenfest teilnahm.

Ich machte Hermann Maas brieflich darauf aufmerksam, daß er zu der heute weithin vergessenen Kategorie des Ger-Toschav gehöre, des Rand-Proselyten, der zwar nicht formell zum Judentum konvertiert ist, aber sich mit Israel in gläubiger Liebe solidarisiert.

Im August 1957 dankte mir Hermann Maas mit den Worten: »Lieber Freund! Wie fein und treu schrieben Sie an mich und über mich! Innigsten Dank. Sie haben mir den ›Ger Toschav‹ verliehen und mich damit beglückt. Gott segne Sie, Ihren Geist und Ihre Hand. Er segne Ihre liebe Frau. Immer Ihr H. Maas Zvi Ben-Avraham«.

Den hebräischen Namen schrieb er natürlich hebräisch.

Diese kostbaren Zeilen finden sich als Anschrift auf einer gedruckten Danksagung zu seinem 80. Geburtstag, den ich auch in der israelischen Presse würdigen durfte.

In meiner Mappe liegt diese Danksagung neben den Rosch-Haschana-Rundbriefen, die Maas Jahr um Jahr an seine zahlreichen jüdischen Freunde zum Neujahrstag Israels versandte.

In seinen Büchern und Aufsätzen, Predigten und Vorträgen wurde Hermann Maas nicht müde, die Bedeutung Israels für die Christenheit und die ganze Welt zu würdigen:

»Israel kann nur in endgeschichtlicher Sicht verstanden werden. So sind alle Probleme, so wirtschaftlich, soziologisch oder politisch sie auch aussehen mögen, eben doch zuerst geistige und religiöse Probleme. Die Heimkehr Israels ist ein Zeichen seiner und unserer religiösen Bestimmung. Hier geht es bei der geistigen Betrachtung der Frage nicht zuerst um die Wiedergeburt der hebräischen Sprache, um die Geburt einer neuen Literatur und Kunst, um die Wiedergeburt einer alten, verehrungswürdigen Zivilisation oder die Schöpfung einer neuen Gesellschaft. Die Heimkehr Israels ist die Vorbedingung einer neuen Ära unserer religiösen Entwicklung in der Israel und die Welt ihre Erlösung finden sollen (...)«

Im Dossier Nummer 74 bei Yad Vashem in Jerusalem ruhen die Akten über Hermann Maas, dem bewährten Freund Israels, aber in unseren Herzen ruht das Bild dieses Mannes, so lange unser Herz schlägt.

Möchte die Botschaft, die Hermann Maas durch sein Wort und sein Leben verkündigt hat, weiter und weithin gehört werden. Diese Stimme aus Heidelberg ist eigentlich eine Stimme aus Zion, dem Ort, von welchem immer wieder die Weisung und das Wort des Herrn ausgeht, für Israel und die Völker der Welt.

Horst Schade

Fast auf den Tag genau nach Vollendung des 76. Lebensjahres verschied am 17. Februar 1982 der deutsche Schriftsteller Horst Schade in Jerusalem. Er wurde am 12. Februar 1906 in Dresden geboren, wuchs in Berlin auf, wo er 1924 sein Erstlingswerk, den Roman *Der Mann am Faden* veröffentlichte. Diesen Roman schrieb der Zweiundzwanzigjährige aus Erfahrung, denn der »Mann am Faden« ist ein Boxer, der von seinem Manager wie eine Marionette manipuliert wird.
Als Horst Schade im Januar 1937 Deutschland verließ und mit seiner jüdischen Frau nach Palästina übersiedelte, war er zwar als Autor noch weithin unbekannt, aber hatte sich bereits als Halbschwergewichtler im Boxsport einen Namen gemacht. Der hünenhafte Mann mit dem durchtrainierten Körper konnte seine Fähigkeiten auch in Jerusalem, seiner Wahlheimat, als Boxlehrer im Sportclub »Hapoel« und im YMCA, wo er auch als Bademeister fungierte, bewähren.
Im Hapoel-Sportclub lernte er einen Geretteten des Holocaust kennen, einen polnischen Juden, der ihm die Geschichte seiner Leiden und seiner Bewährung erzählte. Daraus erwuchs der bedeutende Tatsachenroman *Ein Engel war mit mir* (Zürich 1949, Steinberg-Verlag). Horst Schade hat sich ganz in die Seele seines Helden Jankel versetzt und erzählte so in der Ich-Form eine ostjüdische Odyssee. Diesem Buch war eine einfühlsame Nachdichtung von Oscar Wildes *Ballade vom Zuchthaus zu Reading* vorangegangen (Zürich 1948. Verlag Oprecht), die den Namen Schades in der Schweiz bereits bekannt gemacht hatte.
Zeigte Horst Schade in dem Roman *Ein Engel war mit mir* die Hölle der Konzentrationslager auf, so führte sein zweiter Roman in *Die Hölle Allahs* (Zürich 1955, Steinberg-Verlag). In diesem literarisch weniger bedeutsamen Buch hat Schade seine Erfahrungen in Palästina, Jordanien, Saudi-Arabien und Ägypten verarbeitet und die gekrümmten Wege des Britischen Ge-

heimdienstes aufgezeigt. Freundschaften, die ihn mit Juden und Arabern verbanden, fanden hier literarischen Ausdruck.
Horst Schade hatte das literarische Talent von seinen Eltern geerbt, die eigentlich Schauspieler waren. Seine Mutter, Josefine Schade-Hädicke, hat als bienenfleißige Schriftstellerin mehr als zweihundert Romane und Jugenderzählungen im Stil der Marlitt hinterlassen, und Schades Vater verfaßte populärwissenschaftliche Artikel und Komödien, vor allem aber Groschenheftchen der Serie *Percy Stuart und der Exzentrik-Club* und *Frank Allan, der Rächer der Enterbten*. So hatte Horst Schade »die Lust zum Fabulieren« von Vater und Mutter im Blut.
In Jerusalem wurde der deutsche Antifaschist Horst Schade ein getreuer Kamerad bei der Verteidigung der belagerten Stadt 1948, wo er durch einen arabischen Heckenschützen verwundet wurde und längere Zeit im Lazarett verblieb.
Schade stellte die ganz seltene Mischung des Muskel- und Geistesmenschen dar. Auf meine Empfehlung hin sandte er einige Manuskripte seiner von Franz Kafka stark beeinflußten Kurzgeschichten an Max Brod, der den Autor daraufhin zu einem Gespräch nach Tel Aviv einlud. Max Brod schilderte mir sein maßloses Erstaunen, als der körpergewaltige Schade durch die Tür in Brods Arbeitszimmer eintrat, der einen fragilen, verinnerlicht wirkenden Menschen erwartet hatte. In dem überaus kräftigen Körper wohnte eine sehr zarte Seele, fast überempfindlich, von außergewöhnlicher Sensibilität.
Für einen Menschen dieser Art war es schwer, sich zu integrieren, und doch fand er Freunde in allen Kreisen der Bevölkerung.
In den letzten Jahren ist es ganz still um Horst Schade geworden, aber der deutsche Literatur-Nobelpreisträger Heinrich Böll besuchte ihn in Jerusalem, ermunterte ihn weiter zu schreiben, wohl spürend, daß Schade ein außergewöhnliches Erzähltalent darstellte. Auch als Lyriker fand er eigene Töne. Es gedieh ihm aber nichts mehr bis zur Vollendung. Im Nachlaß findet sich noch ein wohl fast abgeschlossener Roman über die

Zeit der Belagerung Jerusalems, ebenso viele Kurzgeschichten, die er unter dem Titel *Reise durch die eigene Brust* zusammengestellt hat.

Im Jahre 1973 gab Horst Schade einen Querschnitt durch den Nachlaß der Jerusalemer Photographin und Malerin Bettina Oppenheimer, mit der ihn eine innige Freundschaft verband, heraus.

Der große nachgelassene Roman Schades, in dem vier Leben während der Zeit von 1870 bis 1948 schicksalhaft ineinandergreifen, sollte den Titel »Denn Dämmerung herrscht auf der Welt« tragen. Dieser Titel könnte auch über dem Leben Schades stehen, das zwischen Traum und Wirklichkeit angesiedelt war und schließlich in einem langen Verdämmern endete.

Mit übergroßer Selbstkritik stand Schade seinem Werk gegenüber. Als ich im Jahre 1956 zu seinem 50. Geburtstag einen Artikel veröffentlichte, schrieb er mir: »Die Eitelkeit soll man nie unterschätzen; ich merke sie, weil ich mich so sehr über Ihren Artikel gefreut habe.«

Schade, der ganz dem Idealtypus des arischen Menschen entsprach, zog es vor, das Dritte Reich zu verlassen und in Palästina und Israel sich auf die Seite der Verfolgten, der Juden, zu stellen. Nach 1945 kehrte er nicht nach Deutschland zurück. In der Erde Jerusalems fand er seine letzte Ruhestatt.

VII
In Freundschaft

Max Brod

Über ein Jahrhundert nach der Geburt Max Brods ist ein Bekenntnis zu ihm keine Selbstverständlichkeit, denn seit Jahrzehnten steht seine Gestalt im Schatten seines Freundes Franz Kafka, dessen Genialität er zu einer Zeit erkannt hatte, da andere die epochale Bedeutung Kafkas noch nicht ahnten. So ist Brod nur als der umstrittene Kafka-Interpret gesehen worden und nicht als Dichter, Denker, Kritiker und Musiker in seiner Eigenständigkeit.

Nur durch Max Brod wurde – eigentlich gegen den Willen Kafkas – dessen Werk der Nachwelt nicht nur bewahrt, sondern erschlossen. Das leugnet zwar niemand, aber die Katheder-Germanisten, die eine zünftige Kafka-Forschung entwickelt haben, kritisieren unermüdlich Max Brods Interpretation und Edition der Kafkaschen Werke. Diese Beckmesserei hat die letzten Jahre Max Brods überschattet; das Wort »kafkaesk« wurde für ihn eine Schreckensvokabel. Er verwarf die »pantragistische« Deutung von Werk und Persönlichkeit Kafkas, leugnete zwar nicht dessen offenbaren Pessimismus, setzte diesen aber nicht absolut. In Gesprächen und Briefen, aber auch im Werke Kafkas sah Brod doch immer wieder Hoffnung aufleuchten, wenn auch mit Einschränkung: »Hoffnung, Hoffnung – aber nicht für uns.«

Die Katheder-Germanisten, die geradezu dogmatisch vom *Leben* Kafkas absahen und so das Werk gleichsam abnabelten, wollten das Jüdische in Kafka und dessen offen bekannten Zionismus nicht gelten lassen. Sie lasteten Brod eine tendenziöse Verfälschung an, wo in Wirklichkeit nur das getreue Freundeszeugnis vorlag.

Ich habe einmal diese Situation mit dem Konflikt zwischen den Aposteln und Paulus verglichen. Die schlichten Männer, die Jesum dem Fleische nach kannten, sahen ihren Rabbi nicht mehr in der gepredigten Christus-Gestalt des Paulus, der dem

historischen Jesus nie begegnet war. Aber das Bild des Paulus setzte sich durch und nicht das der Jünger Jesu.
Gewiß sind einige der bedeutenden Romane Max Brods in den Jahren nach seinem Tode neu aufgelegt worden, auch in der Form von Taschenbüchern – *Tycho Brahes Weg zu Gott, Reubeni, Fürst der Juden, Stefan Rott oder Das Jahr der Entscheidung, Der Meister,* auch die Autobiographie *Streitbares Leben* und der *Prager Kreis* liegen in Neuauflagen vor –, so daß man nicht sagen kann, daß Max Brod vergessen wurde, jedoch bleibt er vorwiegend in der Kafka-Relation im Bewußtsein der Zeit.
Ein anderer Prager Autor, Leo Perutz, der wie Brod die letzten Jahre seines Lebens in Tel Aviv verbrachte, meinte einmal ironisch, Franz Kafka sei die beste Romangestalt Max Brods. In der Tat hatte Brod in seinem Roman *Zauberreich der Liebe*, unmittelbar nach Kafkas Tod, diesen in der Gestalt des Samuel Garta erstmalig poetisch dargestellt, lange vor seiner Kafka-Biographie.
So ist es angemessen und eine Freundespflicht, mich zu dem Mann zu bekennen, dem wir nicht nur schöne Romane, anmutige Novellen, bühnenfeste Dramen und Operntexte, einige gute Gedichte und zahllose anregende Artikel zu verdanken haben, sondern vor allem Denkanstöße, die viel zu wenig gewürdigt wurden.
Die Bibliographie Max Brods ist so umfangreich, daß eine Bewältigung des Gesamtwerkes einem Spezialstudium gleichkäme: sie umfaßt mindestens 83 selbständige Bücher, vier Kompositions-Editionen, Übersetzungen aus dem Tschechischen und dem Hebräischen, etwa zehn Opern-Libretti und zahllose Kritiken, war Max Brod doch am *Prager Tagblatt,* später in der hebräischen Tageszeitung *Davar* und in der deutschsprachigen Tel Aviver Tageszeitung *Jedioth Chadashoth* als Theater- und Musikkritiker tätig.
Die Denkanstöße, zu welchen ich mich bekenne, finden sich in den heute weithin vergessenen philosophischen und religionsphilosophischen Werken Brods, aber auch in seinen Romanen,

die immer mit der Erlebnisphilosophie des Dichters befrachtet waren. In erster Linie ist hier das Bekenntnisbuch *Heidentum, Christentum, Judentum* aus dem Jahre 1922 zu nennen. Brod hat Kerngedanken dieses Werkes später in einer verkürzten Ausgabe, *Das Diesseitswunder,* wiederholt. In den letzten zwei Jahrzehnten ist aber nur noch eine amerikanische Ausgabe dieses Werkes erschienen. Dem deutschen Leser ist es heute unbekannt. Der Kerngedanke dieses Werkes ist aber heute noch so gültig und fruchtbar wie vor 70 Jahren: die Unterscheidung von edlem und unedlem Unglück als Kriterium für die drei Glaubensweisen Heidentum, Christentum, Judentum.

In der Sicht Max Brods beurteilt das Heidentum jedes Unglück als unedel, das heißt als grundsätzlich behebbar. Das Christentum dagegen ist »pantragistisch«, sieht in *jedem* Unglück eine göttliche Prüfung und in dieser Erde nur ein Jammertal. Das Judentum aber unterscheidet edles und unedles Unglück. Dem edlen Unglück gegenüber, das heißt mit dem Tod und der Vergänglichkeit konfrontiert, beugt sich der Jude in Demut vor Gott; gegenüber dem unedlen Unglück aber – Krankheit, Krieg, soziales Unrecht – ist er zu voller Aktivität aufgerufen. Sicher ist diese Schematisierung religionsgeschichtlich nicht ganz haltbar, und dennoch können von hier aus wertvolle Erkenntnisse gewonnen werden.

Brods (jüdische) Religionsphilosophie blieb Erlebnisphilosophie, nicht anders als Martin Bubers Dialogik. Was für Buber die Begegnung (in letzter Konsequenz) war, bezeichnete Max Brod als das »wesenhafte Erlebnis«. In den Augenblicken der Gnade weiß sich der Mensch herausgehoben aus der Trivialität des Tages und verkostet so gewissermaßen die Ewigkeit – schon in der Endlichkeit. In diesem Zusammenhang schrieb Brod: »Von allen Boten Gottes spricht Eros am eindringlichsten zu uns.« Das steht im Einklang mit seinem lyrischen Bekenntnis:

»Nur Liebe – von nichts anderem weiß ich.
Zerreißet, was ich sonst gesungen,
Denn Lüge war's, wenn es nicht Liebe war.«

Als ich Max Brod im Gespräch an sein Eros-Wort erinnerte, meinte er resigniert: »So, habe ich das geschrieben? – Man wird ja älter.«

Das wesenhafte Erlebnis wird mit einer »Philosophie der schönen Stellen« verbunden, Höhepunkten der Philosophie, der Literatur, der Musik, in welchen sich das wesenhafte Erlebnis des Genies niederschlägt und so der Um- und Nachwelt mittelbar wird. Im wesenhaften Erlebnis wird der Mensch zu sich selbst geführt, zur Erkenntnis seiner eingeborenen Möglichkeit, der Durchbrechung der Kausalstruktur, die Brod in den Mittelpunkt seines philosophischen Hauptwerkes *Diesseits und Jenseits* stellte.

Die Welt ist gekennzeichnet vom Kampf aller gegen alle. Der Stärkere vernichtet den Schwächeren, in Natur und Kosmos. Der Mensch aber, wenn er vom Impuls der Liebe getragen wird, durchbricht diese Struktur: der Stärkere schützt den Schwächeren, die Liebe konkretisiert sich (auch) im Mitleid. So wird der leidende, der mitleidende Gott erlebbar. Wenn Gott die Liebe ist (und so tut es sich bei Brod doch wohl dar), muß Er, um vollkommen zu sein, auch die Kategorie des Leidens in sich schließen. Von hier aus wird auch der zage Versuch einer Theodizee gewagt, der allerdings an der Katastrophe des Holocaust letztlich scheitern mußte – wie alle Versuche der Rechtfertigung Gottes angesichts der Übel in der Welt. Der leidende Gott brachte den Denker Max Brod natürlich in die Nähe des Christentums, das im Gekreuzigten das sichtbare Bild des leidenden Gottes aufgerichtet hat. Brod vermied aber jede Grenzverwischung zwischen Judentum und Christentum.

Max Brod als Zionist im Lande Israel war fraglos in seinem Judentum verwurzelt, bekannte sich zu Israel als seinem Land und seinem Schicksal. Schon als Dreißigjähriger, in Prag, hatte er in dem Gedicht »Hebräische Lektion« einen Hochgesang auf die Sprache seines Volkes angestimmt ... allerdings in deutscher Sprache. Dieses uneingeschränkte Bekenntnis ließ ihn aber nicht die Wurzeln seiner dichterischen Schöpfungen im deutschen Sprachboden vergessen. In der Beziehung zu

Deutschland, der deutschen Kultur, sprach Brod schon 1934, in seinem Zeitroman *Die Frau, die nicht enttäuscht,* von »Distanzliebe« – wiederum einer der Begriffe, die zu Denkanstößen werden sollten.

Im Brief an einen Freund, den Philosophen Hugo Bergmann in Jerusalem, schrieb Max Brod noch aus Prag Anfang der dreißiger Jahre: »Daß wir uns nicht hebraisieren, ist Faktum – aber das Leben eines Volkes erschöpft sich nicht in der Sprache allein. Es ist speziell für einen Dichter unmöglich, die Sprache zu ändern. Ich merke täglich mehr und mehr, wie tief ich sprachlich mit dem Deutschen zusammenhänge (...)«

Das hat sich auch in Israel nicht geändert, obwohl Max Brod das Hebräische erlernte, sogar hebräische Artikel schrieb (mit lateinischen Buchstaben), Vorträge in hebräischer Sprache hielt, aber in seiner eigentlich literarischen, dichterischen Produktion beim unveräußerlichen Idiom seiner Herkunft blieb, denn »man kann von einer Sprache in die andere nicht umsteigen wie von einem Zug in den anderen«.

Der deutsche Humorist Hans Reimann, mit dem Max Brod gemeinsam den *Braven Soldaten Schweijk* von Jaroslav Hašek erfolgreich dramatisierte, veröffentlichte 1952 das Buch *Literazzia.* Dort heißt es auf Seite 27: »Wenn ich vor Gottes allerhöchstem Richterstuhl stünde und die Frage beantworten müßte, wen ich für den klügsten, nobelsten und gütigsten Menschen halte, ich würde, ohne mich eine Sekunde zu bedenken, Max Brod nennen.« Ich schließe mich dem Zeugnis Reimanns an, und es wird viele Zeugen geben, die dieses Urteil stützen. Vor allem jene Menschen, die Brod *persönlich* begegnet sind, nicht nur dem Autor.

Zu den großartigen Visionen Brods gehörte seine humanistische Interpretation des traditionellen jüdischen Begriffes der »Jeschiva schel ma'ala«, der oberen Lehrversammlung. Die Aggada, die hebräische Legende, sah hier nur die Weisen Israels, von Mose bis Rabbi Akiba und weiter, Brod aber träumte von einer oberen Lehrversammlung, in welcher Aristoteles mit seinem späten Schüler Maimonides diskutieren wird, Plato mit

Kant, Spinoza mit Goethe. Ich sehe auch ihn, »den Lehrer, welcher immer lernt«, wie ihn Heinz Politzer nannte, mit Schopenhauer und Kierkegaard, aber auch mit seinen Lebensfreunden Franz Kafka und Felix Weltsch.

Das Hebräische kennt kein Wort für Jenseits. Es spricht von »Olam ha-Emeth«, der Welt der Wahrheit. In diese Welt der Wahrheit führte Max Brod im großen Kranz seiner historischen Romane, die er *Kampf um Wahrheit* nannte: *Tycho Brahes Weg zu Gott, Reubeni, Fürst der Juden, Galilei in Gefangenschaft, Armer Cicero*. Der großartigste dieser historischen Romane des Kampfes um Wahrheit scheint mit *Der Meister* zu sein, der schönste mir bekannte Jesus-Roman. In dieser epischen Dichtung wird Jesus nicht direkt, sondern nur indirekt gesehen: mit den schwärmerischen Augen einer jungen Stiefschwester, mit dem prüfenden Blick des Griechen Meleagros und mit dem düster-verzehrenden Auge des Judas, der hier kein Verräter, sondern ein messianischer Aktivist ist. Max Brod war sich darüber klar, daß Jesus in vielen Aspekten sichtbar wird und sich doch immer wieder dem Blick entzieht, so daß nur die indirekte Darstellung adäquat sein kann. (Diese Sicht hat Schule gemacht: Die österreichische Schriftstellerin Gertrud Fussenegger hat in ihrem Jesus-Roman *Sie waren Zeitgenossen* dieselbe Methode angewendet, diesmal in Briefform.)

Aber nicht nur große Gestalten der Geschichte hat Brod nachgestaltet, sondern auch aus eigenem Erleben in seinen Romanen Menschen geschaffen, die wie Freunde unsere Tage begleiten. Vor allem möchte ich da an die Jünglingsgestalt des Stefan Rott erinnern, der ähnlich wie Hans Castorp im *Zauberberg* von Thomas Mann, wenn auch als jüngerer Typus, in die Erkenntnisse der Philosophie und in die Geheimnisse des Eros eingeführt wird, ehe »aller guten Bindungen ledig, die Erdkugel zu ihrem großen Sturz ins Nichts« ansetzte. Gemeint ist der Ausbruch des Ersten Weltkrieges, der auch das Ende des *Zauberbergs* markiert. Wenn Brod auch nie die sprachliche Vollendung Thomas Manns erreichte, sie wohl auch nicht anstrebte, so scheint mir doch *Stefan Rott* ebenbürtig als Bildungsroman

einer sich vollendenden Epoche neben dem *Zauberberg* zu stehen.
Unverwelklich blieben auch die Frauengestalten Brods, von der Frau, nach der man sich sehnt, über Carola, die Mädchendame, in dem Roman der Distanzliebe von 1934, und Annerl, die dem Rauschgift verfällt und von der der Dichter klagend bemerkt: »Die allzu Schönen werden nicht geliebt, weil sie zu sehr begehrt werden«, bis zu Mira, der jungen Schauspielerin, in dem *Roman um Hofmannsthal.*
Spätere Literarhistoriker mögen mit Fleiß die Modelle dieser Gestalten aufspüren. Wir, denen das leicht fiele, versagen es uns, denn die dichterische Verklärung der Gestalten allein hat Dauer. Vom *Leben mit einer Göttin* (Max Brods Frau Elsa, ironischen Bemerkungen nicht abgeneigt, meinte, dies sei ein Druckfehler; es müsse heißen: »Leben mit meiner Gattin«) bis zu *Franzi, eine Liebe zweiten Ranges* spannt sich der Bogen der erotischen Romane Brods. Er blieb aber der hüllenlosen Direktheit heutiger Autoren abgeneigt, bemerkte einmal im Gespräch: »Der Erotiker, der alles sagt, sägt den Ast ab, auf dem er sitzt.«
Die Verstrickungen des Eros kommen in Max Brods Autobiographie *Streitbares Leben* zu kurz. Es ging ihm, dem so überaus friedlichen Menschen, in dieser Selbstdarstellung um den Streit für die Wahrheit.
Nach einem Wort aus den Sprüchen der Väter hat jeder Streit um des Himmels willen, jeder Streit um die uns erkennbare Wahrheit, Bestand, im Gegensatz zum Streit um Geld, Gut und Ehren. Max Brods Lebenswerk, zu dem ich mich hier als jüngerer Freund bekennen will, ist eine Dokumentation des Streites um die Wahrheit und soll deshalb Bestand haben.

Felix Weltsch

An Franz Kafkas berühmtes Gleichnis »Vor dem Gesetz«, das sich im Kapitel »Im Dom« seines Romans *Der Prozeß* findet, wurde ich dieser Tage erinnert.
Die Erzählung beginnt mit den Worten: »Vor dem Gesetz steht ein Türhüter. Zu diesem Türhüter kommt ein Mann vom Lande und bittet um Eintritt in das Gesetz. Aber der Türhüter sagt, daß er ihm jetzt den Eintritt nicht gewähren könne (...)«.
So erging es mir in der Universitäts- und Nationalbibliothek in Givat-Ram zu Jerusalem.
Die Hebräische Universität hatte mich Anfang Dezember (1984) angerufen und mir mitgeteilt, daß anläßlich des 100. Geburtstages und des 20. Todestages des Philosophen Felix Weltsch eine Gedenkausstellung im Bermann-Saal der Jüdischen Universitäts- und Nationalbibliothek stattfinde. Aus Mangel an Budget konnten keine Einladungen versandt werden, und die fernmündliche Benachrichtigung trat an ihre Stelle. Das hatte auch den Vorteil, daß die Einladung noch während der Dauer der Ausstellung einlief. Bei postalischer Zustellung wäre damit nicht zu rechnen gewesen.
Ich fragte, wann die Ausstellung geöffnet sei, und man sagte mir, während der Bibliotheksstunden, das meinte von 9 bis 19 Uhr.
Schon um 17 Uhr fand ich mich in der Nationalbibliothek ein. Am Haupteingang thronte ein Türhüter. Ich fragte ihn nach der Gedenkausstellung für Felix Weltsch. Er sah mich verständnislos an. Ich fragte ihn nach dem Bermann-Saal. Er sah mich verständnislos an.
Dennoch verkündete er mit rauher Stimme, daß dies alles hierorts nicht zu finden sei. Eine Ausstellung gäbe es irgendwo oben, meinte er, auf jeden Fall nicht hier.
Schon aber hatte meine Frau an einer Säule hinter dem Türhüter die Aufschrift »Bermann-Saal« entdeckt. Er saß vor oder

eigentlich im Bermann-Saal und war sich dessen nicht bewußt. Die Säule fand sich allerdings hinter ihm, und hätte er sich umgewandt, so wäre er wahrscheinlich wie Frau Lot erstarrt, vorausgesetzt daß er lesen kann, was bei einem Hüter der Nationalbibliothek an sich wünschenswert wäre.

Er war sich voll bewußt, daß hier die Nationalbibliothek ist, aber gerade das schien ihm ein Argument gegen die Memorialausstellung für Felix Weltsch, der so lange an dieser Bibliothek gewirkt hat.

Im Gegensatz zu dem Mann vom Lande bei Kafka ließ ich mich von dem Türhüter aber nicht abhalten und trat ein. Nicht in das Gesetz, aber in die Ausstellung, deren Prunkstück eine handschriftliche Postkarte von Franz Kafka an Felix Weltsch darstellt. Solche Schriftstücke sind heute selten; die meisten haben Wege oder Schleichwege zu Antiquariaten des Auslandes genommen.

Die Ausstellung ist bescheiden, wie es auch der Ausgestellte war. Ich sehe ihn vor mir, den hochgewachsenen Mann mit dem freundlichen, etwas ironischen Lächeln. Wie oft bin ich ihm in den Straßen Jerusalems begegnet, vor allem in seinem Wohnviertel Rechavia, aber auch in der David-Yellin-Loge des Ordens Benej Brith, in welcher wir, trotz des großen Altersunterschiedes, Brüder waren. Zu seinem 70. Geburtstag hielt Felix Weltsch eine Logenrede, in welcher er betonte, daß er nun dem weltweiten Club der Siebzigjährigen beigetreten sei. Inzwischen bin ich selbst Mitglied diese Clubs. Unter Glas, in einer der Vitrinen der Ausstellung, liegt mein Artikel zum 70. Geburtstag von Felix Weltsch, erschienen in einer Zeitschrift *Hakidma,* die nun längst in den unendlichen Papierkorb der Vergangenheit versunken ist.

Kafkas Geist, verkörpert durch den Türhüter, schwebt auch sonst im unbekannten Bermann-Saal. Man sieht die von Felix Weltsch redigierte Prager *Selbstwehr,* wo in einer Nummer Beiträge von Felix Weltsch selbst, von seinem Lebensfreund Max Brod, von Franz Kafka, aber auch von dem hebräischen Schriftsteller David Frischmann und Salman Rubaschow, dem späte-

ren Staatspräsidenten Schazar, angekündigt werden. Kafka hat ihm selbst mit liebenswürdiger Widmung sein Büchlein *Der Heizer* verehrt, das in den zwanziger Jahren bei Kurt Wolff erschienen ist. (Es ist dies das erste Kapitel des Romans *Amerika,* der aber wie alle größeren Arbeiten Kafkas erst posthum in der Redaktion Max Brods der Öffentlichkeit zugänglich wurde.)
»Ihr naht euch wieder, schwankende Gestalten«, auf Fotos und Zeichnungen. Aufnahmen mit Max Brod und Martin Buber, mit dem Bibliothekskollegen Curt Wormann und vielen anderen beschwören eine versunkene Epoche noch einmal herauf. Der Türhüter hat sie nicht gekannt, aber der Besucher, der nun Brillen wechselnd vertraute Züge zu rekognoszieren versucht. Auch vertraute Schriftzüge, wie sie sich in den Widmungsexemplaren in meiner Bibliothek finden.
Sein Werk *Gnade und Freiheit* und die philosophische Gemeinschaftsarbeit der Grundzüge eines Systems der Begriffsbildung *Anschauung und Begriff,* die Weltsch mit Max Brod in meinem Geburtsjahr 1913 vorlegte, erinnern mich an meinen einzigen Besuch in Prag im Winter 1934/35. Damals überreichte mir Felix Weltsch in der Redaktion der *Selbstwehr* diese beiden mir kostbaren Bücher.
Gemeinsam mit Max Brod ist auch der Band *Zionismus als Weltanschauung* verfaßt worden (Mährisch-Ostrau 1925). Das gab es einmal – Zionismus als Weltanschauung. Oft hat man heute den Eindruck eines ausgeträumten Traumes.
Unter den ausgelegten späteren Büchern findet sich das Bändchen von Felix Weltsch *Religion und Humor in Leben und Werk Franz Kafkas.* Manchem mag dieser Titel erstaunlich klingen. Mir nicht, denn ich denke an Franz Rosenzweigs Definition: »Der Humor ist der Milchbruder des Glaubens.«
Diese Art humoristischen Glaubens war ein Kennzeichen der irenischen Geisteshaltung von Felix Weltsch. Er gehörte zu den Menschen, die über sich selbst lachen konnten. Eine seltene Spezies. Einmal erzählte er, daß ihn ein Korpsstudent an der Karls-Universität in Prag fixierte. Weltsch sah ihn freundlich an

und sagte: »Bei mir haben Sie kein Glück – ich bin ein Feigling.«
Er war es nicht. Er hatte Zivilcourage zu sagen, was ihm als Wahrheit erschien.
Er war progressiv in seinem Denken und konservativ in seiner Erscheinung. Er war der letzte Bürger Jerusalems, der im Winter Gamaschen trug. Daraufhin angefragt meinte er: »Die Hundedeckerln werd ich mir nicht abgewöhnen.«
Vor allem aber hat er sich die offene und freundschaftliche Haltung gegenüber den Menschen seiner Umwelt nie abgewöhnt. Er wich den Extremen aus und verkörperte selbst das *Wagnis der Mitte*.

Frederick P. Bargebuhr

Fast fünfzig Jahre nach dem Tode Franz Rosenzweigs ist auch Frederich P. Bargebuhr in die »Welt der Wahrheit« eingegangen.

Karl Wolfskehl und Franz Rosenzweig hat Bargebuhr sein Lebenswerk über Salomo Ibn Gabirol gewidmet, das 1976 erschienen ist. Es war Franz Rosenzweig, der 1928 Bargebuhr den Hinweis auf Gabirol vermittelte. Der junge Bargebuhr, auf der Suche nach Leitbildern auf seinem Heimweg ins Judentum, wandte sich an Rosenzweig, der ihm auf solcher Straße vorangegangen war, mit der Frage: Gibt es einen hebräischen Dichter, dessen Strahlkraft mit der Stefan Georges in unserer Zeit und im deutschen Sprachraum zu vergleichen wäre?

Diese Fragestellung impliziert den Standort des Fragers. Von George war er in seinem Sprachbewußtsein geprägt, und Karl Wolfskehl, der jüdische Jünger Georges, bot ihm den Übergang zwischen den Welten.

Rosenzweig wies Bargebuhr auf Gabirol hin. Damit begann es, und fast ein halbes Jahrhundert ließ es ihn nicht mehr los. Als die reife Frucht solchen Lebensdienstes liegt nun das fast achthundert Seiten umfassende Werk: *Salomo Ibn Gabirol. Ostwestliches Dichtertum* vor, ein Kompendium der Literatur- und Geistesgeschichte, wie es nur ein universaler Geist schaffen konnte.

Ein universaler Geist – das war Frederick P. Bargebuhr in der Tat. Er stellte einen Typus dar, den es in unserer Zeit des Spezialistentums kaum mehr gibt, den Humanisten im umfassenden Sinne, wie ihn noch Leibniz exemplarisch darlebte.

Bargebuhr war Architekt, Arabist, Hebraist, Bibelforscher, Experte für mittelalterliche spanisch-jüdische Dichtung und ein subtiler Kenner der deutschen Literatur, aber auch tief eingedrungen in andere europäische und amerikanische Bereiche der Dichtung und der Philosophie. Er lehrte Vergleichende Reli-

gionsgeschichte und Islamkunde und war ein Bürger dreier Welten. Aus hanseatisch-jüdischer Familie, ein Sohn Hamburgs, folgte er dem Kompaß des Herzens nach dem Land Israel und wurde ein Bürger Jerusalems, ja er konnte an der heiligen Pflicht des Wiederaufbaus Jerusalems als Architekt partizipieren.
Die nicht immer gradlinige Bahn seines Lebens führte ihn für viele Jahre nach Amerika, wo er als akademischer Lehrer wirkte. Immer wieder kam er aber zurück in das Land Israel, insbesondere nach Jerusalem, als ihm noch in reifen Jahren ein Lehramt auf dem Berge Zion zufiel, wo er – der gläubige Jude – das heilige Buch des Islam, den Koran, christlichen Theologiestudenten zugänglich machte.
Wir hatten uns viele Jahre nicht gesehen, denn Bargebuhrs Besuche in Jerusalem waren zunächst doch nur sporadisch, und nun war er 1975 zu längerem Aufenthalt hier eingetroffen und es war uns, als wäre das Gespräch nie abgerissen. In der Welt des Geistes gilt, was die Rabbiner von der Welt der Thora sagen, es gibt in ihr kein Vorher und kein Nachher. Das Zeitliche ist aufgehoben, sicher noch nicht in die Ewigkeit, aber in eine Sphäre des ewigen Gesprächs, in der die Jahre zur Bagatelle relativiert werden. Unsere Gespräche waren beherrscht von dem Worte des uns sternhaft leuchtenden Stefan George:

»Was ich noch sinne, was ich noch füge
Trägt die selben züge.«

In unserem Gespräch waren Freunde gegenwärtig, die uns vorangegangen waren in das Land ohne Wiederkehr. Die alten Zeiten lebten auf, und die Problemstellungen waren so jung und unmittelbar wie vierzig Jahre früher.
Vierzig Jahre – ein biblischer Begriff für eine lange Zeit. Vierzig Jahre der Wüstenwanderung. Das galt stärker für Bargebuhr als für mich. Ihn hatte es umgetrieben durch die Wüste der Völker. Ich war verblieben am Ort meiner Wahl und Bestimmung, Jerusalem, das auch die Herzensheimat Bargebuhrs blieb.

Und doch banden ihn unsichtbare Fäden auch wiederum an die Stadt seiner Geburt, an Hamburg. Es ist von fast symbolischer Bedeutung, daß sich der Kreis seines Lebens dort schloß, wo er begann, und daß Bargebuhr tatsächlich zu seinen Vätern heimkehrte, im Grabe seines Vaters beigesetzt wurde. Wie selten ist solche Beständigkeit in unserem Zeitalter, in welchem wir alle den Boden unter den Füßen verloren haben. Nicht jedem war es beschieden, neuen festen Wurzelgrund zu gewinnen.

Bei unserem Wiedersehen gab ich Bargebuhr mein damals erschienenes Buch *Jüdischer Glaube*. Er las es so aufmerksam, mit der Bemerkung: »Ich freue mich täglich, daß mir Ihr Buch jederzeit zur Verfügung steht«, daß er eine lange Liste von Vorschlägen zu kleinen Änderungen und Korrekturen anfertigte, die ich dankbar in der zweiten Auflage vier Jahre später verwenden durfte.

Diese Liste zeigt den ganzen Mann: Ver-Antwortung vor dem Detail, umfassendes Wissen ohne jede Besserwisserei. Bargebuhr war ein Meister des Gespräches. Er verstand die Kunst des Zuhörens und mischte die Darlegung oft komplizierter Gedankengänge mit Anekdote und Witz. In öffentlicher Rede aber traf ich ihn einmal sehr befangen an.

In der Reformsynagoge Har-El in Jerusalem, in der er eine geistliche Heimat gefunden hatte, sprach er am Freitag abend im Gottesdienst über Gabirol. Man spürte, wie die Fülle des Wissens ihn behinderte. Es steht zwar geschrieben: Wes das Herz voll ist, des gehet der Mund über, aber dieses Übergehen des Mundes aus übervollem Herzen kann auch zu stockender Rede führen.

Vielleicht will uns das die Bibel andeuten, wenn sie von Mose sagt, daß er ein Mann schwerer Zunge und schwerer Lippe war, und der Mund des Jesaja von glühender Kohle versehrt. Sie wußten zu viel, um es ins flüchtige Wort der Gesprochenheit zu fassen.

Wir standen in Jerusalem auch gemeinsam am Grabe einer Frau, die in unser beiden Leben bedeutsam war. Bargebuhr hatte mit großer Sorgfalt eine antike hebräische Type für die

Grabschrift ausgewählt und sie entworfen. Das war ein Zeichen seiner Treue über den Tod hinaus.
Treue kann nur mit Treue vergolten werden. So wollen wir, seine Freunde, auch ihm die Treue über den Tod hinaus wahren. Treue und Glaube werden im Hebräischen mit einem Wort umschrieben: *emuna*. Wer die Treue wahrt, steht im Glauben und bleibt bewahrt, über die Zeit hinweg.

Sammy Gronemann

Kurz vor Vollendung seines 77. Lebensjahres ist in Tel Aviv am 6. März Sammy Gronemann von uns gegangen. An Purim ist er geboren, kurz vor Purim ist er gestorben: Im Zeichen dieses volkstümlichsten jüdischen Festes stand sein Leben. Purim ist für das jüdische Volksbewußtsein das Fest der Freude und des Witzes, des Humors und der Satire, aber zugleich das Fest der großen Errettung Israels.

Und das ist es, genau das, was das Leben unseres Sammy Gronemann formte. Er war der König des Humors und der Satire, und er stellte diese große und köstliche Gabe in den Dienst des politischen Zionismus. Aus einem frommen, aber zugleich weltzugewandten deutsch-jüdischen Rabbinerhaus stammend, nahm Gronemann schon in seiner Jugend die Werte jüdischer Tradition in sich auf. Und diesen Werten ist er treu geblieben. »Ich kann meine Gewohnheiten nicht alle zweitausend Jahre ändern«, meinte er scherzhaft, wenn er manchmal über seine streng-religiöse Lebensführung befragt wurde, befragt von Leuten, die dieses Festhalten an Brauch und Form bei einem Mann verwunderte, der der Zeit und ihren Problemen, der heiteren Muse und insbesondere dem Theater so enthusiastisch zugetan war.

Wer das große Glück hatte, Gronemann persönlich zu kennen, stand immer wieder vor einem Rätsel: wie war es möglich, daß dieser Mann all das leistete, was er tatsächlich geleistet hat – und zugleich niemals etwas von der berüchtigten »jüdischen Hast« an sich hatte, sondern sonnig-besinnlich plauderte, in seinen Stamm-Cafés mit Freunden zusammen war, keine Premiere, keinen ihn interessierenden Vortrag versäumte ... und immer voll neuer Pläne und Einfälle steckte – bis in die allerletzten Tage seines erfüllten Lebens hinein.

Gronemann übte drei Berufe aus und jeden so vollkommen, daß er allein im Sinne des »Dajenu«-Liedes vollauf genügt hätte.

Er war ein erfolgreicher und weithin bekannter Anwalt, er war ein zionistischer Redner und Funktionär von höchsten Graden, und er war ein Erzähler und Dramatiker, der wie kein anderer in unserer Zeit den jüdisch-satirischen Roman und die jüdische Komödie zu wahrhaft literarischem Rang erhob.
Zu seinem siebzigsten Geburtstag hatte ich Sammy Gronemann den »Scholem Aleichem der Jekkes« genannt. Er wurde dies in seinen letzten Lebensjahren immer mehr und mehr, ein wahrhafter Klassiker des westjüdischen Humors, der, den ostjüdischen Humor ergänzend, viel beitrug zur Erschließung des hebräischen Theaters für das heitere Genre.
Über den Anwalt – er war ein König der Advokaten in Berlin! – werden andere und Berufenere zu schreiben haben. Von dem zionistischen Redner und Organisator, dem Kongreßanwalt und Vorkämpfer gegen die Assimilation meldet bereits die Geschichte. – Die ersten Jahre des politischen Zionismus sind seine romantische Epoche genannt worden. Man könnte sie auch seine pathetische Epoche nennen. Es war die Zeit der großen Rhetoren, Max Nordau an ihrer Spitze. Gronemann fügte der romantisch-pathetischen Note einen ganz neuen Zug hinzu: Humor und Satire stellte er in den Dienst der Zionsidee. Die Assimilanten waren nicht eleganter im Wortgefecht zu erledigen als durch einen tödlichen Witz – um den der streitbare Zionist Gronemann niemals verlegen war. In seinem unvergeßlichen Roman *Tohu Wabohu* zeigte er als echter Satiriker die ganze Brüchigkeit der Assimilation, nicht allein bei den deutschen Staatsbürgern vollendeten jüdischen Unglaubens, sondern auch bei einer formelhaft-erstarrten westjüdischen Orthodoxie, die sich ebenfalls vom lebendigen jüdischen Volkstum abgespalten hatte.
Die Jahre des ersten Weltkrieges brachten Gronemann in Kontakt mit den Massen des Ostjudentums. In seinen Etappe-Erinnerungen *Hawdola und Zapfenstreich* schilderte er den Zusammenstoß dreier Welten: des preußischen Militarismus mit dem ostjüdischen Städtel, aber auch des deutschen Religionsjudentums mit diesem ungebrochenen jüdischen Volkstum. In seinem

noch lange nicht altbackenen *Schalet* gab uns Gronemann seine köstliche »Philosophie des Wenn-Schon« in Anekdoten, deren Prägnanz uns noch heute Tränen lachen läßt.
Erst in Israel, wo er kurz nach 1933 einwanderte und sich in Tel Aviv niederließ, fand er die Zeit, seine Memoiren zu schreiben, die als *Erinnerungen eines Jecken (Sichronoth schel Jekke)* in hebräischer Version von Dov Sadan vorliegen und uns den Weg Gronemanns von der jüdischen Tradition durch den Bildungsreichtum Europas zum Herzl-Zionismus zeigen. Keiner der drei Werte wurde für den anderen geopfert: als traditioneller Jude, dem politischen Kampf um den Judenstaat verschrieben, fand Gronemann dennoch den Anschluß an das geistige und literarische Leben Berlins, das er seinerseits wieder bereicherte.
Zum Bühnendichter wurde er vor allem in Tel Aviv. In Deutschland hatte er kleine Gelegenheitsstücke, wie (wiederum im Purim-Zeichen) *Hamans Flucht* verfaßt, hier aber schuf er die Komödie *Jakob und Christian,* die von Matatė aufgeführt wurde, die Salomon-Verskomödie *Der Weise und der Narr,* die ebenso wie *Der Prozeß um des Esels Schatten* vom Ohel mit großen Erfolg gespielt wurde. Sein Familienstück *Die Familie Heine* wurde von Habima und sein letztes Tück *Die Königin von Saba* vom Kammertheater herausgebracht.
Gronemanns reiche Theatererfahrungen, die er in Berlin gesammelt hatte, machte er der hebräischen Komödienbühne nutzbar. Seine Passion für das jüdische Theater hatte sich schon in früheren Jahren in seiner Aktion für die Wilnaer Truppe manifestiert, die er nach Westeuropa gebracht hatte.
Zu den Buchpublikationen und Bühnenstücken treten hunderte von Artikeln, die Gronemann seit frühester Jugend, zuerst im *Schlehmiel,* später in der gesamten jüdischen Presse Deutschlands und in der hebräischen Presse des Landes veröffentlichte – ein Meister des heiteren Feuilletons –, sowie Vorträge im Logenkreis und in zionistischen Gremien aller Art, wobei er sich nicht minder als Meister des *gesprochenen* Wortes erwies. Er säte Witz und Humor, Geist und Einfall und erntete Sympathie und Liebe in den weitesten Kreisen.

Gabriel Stern

Kurz vor Vollendung seines siebzigsten Lebensjahres verstarb in Jerusalem Gabriel Stern. Er war der gebildetste Journalist seiner Generation, dem ich in meinem Leben begegnet bin.
Er schrieb Hebräisch, Englisch und Deutsch, las und sprach fließend Arabisch und verfolgte auch die französische und die russische Presse. Er war ein vorzüglicher Lateiner und konnte die griechischen Klassiker im Original lesen. Auf vielen Gebieten der Politik, der Religion und des Geisteslebens war er zu Hause und wies immer wieder erstaunlich genaue Kenntnisse der Details auf.
Gabriel Stern wurde 1913 in dem kleinen Ort Attendorn im Sauerland geboren, wo es nur eine winzige jüdische Gemeinde gab, die im Haus seines Großvaters ihre Miniatur-Synagoge hatte. Es waren nur noch Rudimente einstiger jüdischer Tradition, die sich in diesem halbländlichen Milieu erhalten hatten. Gabriel Stern erzählte, daß ein Bauer früh morgens seinen Großvater sprechen wollte, aber der Knecht wies den Besucher mit den Worten ab: »Der Herr ist noch im Geschirr.« (Gemeint waren natürlich die Gebetsriemen, die Tefillin.)
Hebräisch lernte Gabriel Stern bei dem katholischen Katecheten am Gymnasium in Attendorn, und er lernte es gründlich.
1933 ging er auf Hachschara (landwirtschaftliche Pionierausbildung) nach Holland, um sich für seine Einwanderung nach Erez Israel vorzubreiten, die 1936 erfolgte. Er wandte sich dann aber nicht der Landwirtschaft zu, sondern zog es vor, an der Hebräischen Universität Orientalistik zu studieren, vor allem Arabisch, denn er hatte frühzeitig erkannt, daß nur auf dem Wege der arabischen Sprache der Zugang zum arabischen Nachbarn im Lande Israel (und später im Staate Israel) gewonnen werden kann.
Durch die Ungunst der Verhältnisse war es ihm nicht mehr möglich, sein Studium formal abzuschließen, aber er hatte sich

eine tiefe Kenntnis nicht nur der arabischen Sprache und Literatur erworben, sondern auch der arabischen Geschichte und Kultur. Sein Beitrag *Judentum und Islam* in dem Sammelwerk *Begegnungen mit dem Judentum* (Stuttgart/Berlin 1981) ist eine reife Frucht dieser lebenslangen Bemühungen.

Noch vor Staatsgründung wurde Gabriel Stern einer der engsten Mitarbeiter Martin Bubers im Rahmen der Gesellschaft des »Ichud«. Stern redigierte die von Buber herausgegebene Zeitschrift *Baayoth* (später *Baayoth Ha'seman*), zeitweilig gemeinsam mit Dr. Mosche Tavor.

Hauptberuflich war er jahrzehntelang als Chefkorrespondent der Tageszeitung *Al Hamishmar* tätig. Von Jerusalem aus versorgte er das in Tel Aviv erscheinende Organ der Mapam mit Berichten und Artikeln über das politische Leben, die Knesseth und kulturelle Ereignisse der Hauptstadt, wobei seine Bemühung immer dahin ging, in dem latenten jüdisch-arabischen Konflikt ausgleichend zu wirken. Oft zitierte die arabische Presse seine politischen Analysen.

Zeitweilig arbeiteten wir auch in der deutschsprachigen Tageszeitung *Jedioth Chadashoth* zusammen, und als Rabbiner Dr. Kurt Wilhelm 1948 Jerusalem verließ, um Oberrabbiner von Stockholm zu werden, übernahm Gabriel Stern von ihm die Korrespondenz für die amerikanische Agentur »Relig News«. Dieses Amt ermöglichte es ihm, an den Festen und Riten der Muslime und vor allem der zahlreichen christlichen Denominationen in Jerusalem teilzunehmen. Mit tiefem Verständnis für die religiös-ethnische Eigenart der verschiedenen Kirchen informierte er einen weiten Leserkreis.

Vor allem in den letzten Jahren nach seiner Pensionierung wurde Stern mehr und mehr Publizist und Schriftsteller. In einem reichen Hebräisch, das zuweilen an Agnon anklang, begann er über das Leben in Jerusalem zu erzählen, nicht mehr als Reporter zu berichten. Eine Sammlung dieser Essays soll im Verlag der »Sifriat Hapoalim« posthum erscheinen.

Die Jerusalemer Stadtverwaltung zeichnete Stern mit dem Journalistenpreis der Hauptstadt aus, die Gesellschaft zur Wahrung

der bürgerlichen Rechte erkannte ihm einen Ehrenpreis für seine lebenslange Bemühung um die Rechte der Bürger Israels, Araber und Juden, zu, und das Israel Interfaith Committee hat ihn seierseits noch in den letzten Monaten mit einem Preis bedacht.
Ausgedehnte Reisen führten ihn nach Europa und Amerika. Die Evangelische Akademie in Arnoldshain lud ihn 1982 zu einem Martin-Buber-Symposium ein, und im selben Jahre die Brandeis-Universität in Boston zu einer Gedenktagung für Dr. I. L. Magnes, mit dem Stern ebenfalls im Ringen um die jüdisch-arabische Verständigung eng verbunden war. Auch seine Vaterstadt Attendorn gedachte seiner anläßlich der Weihe eines Mahnmals für die ehemaligen jüdischen Bürger dieses Städtchens, die im Holocaust umgekommen sind.
Wie viele Menschen leben in Jerusalem, ohne sich der hohen Verpflichtung bewußt zu werden, die mit solcher Bürgerschaft verbunden ist. Gabriel Stern aber war der exemplarische Jerusalemer seit 1936. Er kannte und liebte seine Stadt; alle Winkel der Altstadt waren ihm vertraut, und in allen Teilen der Bevölkerung hatte er Freunde, die ihn nicht vergessen werden.

Hans Lamm

Am Dienstag, dem 23. April 1985, verstarb im 72. Lebensjahr Dr. Hans Lamm in München. Er zählte zu meinen ältesten Freunden. Wir kannten uns seit fast 65 Jahren, gingen zusammen in München in eine Schulklasse in der St.-Anna-Schule im Lehel, besuchten dann gemeinsam die Luitpold-Kreis-Oberrealschule und waren noch bis 1934 an der Universität unserer Heimatstadt an verschiedenen Fakultäten als Studenten.
1983 feierten wir gemeinsam unseren 70. Geburtstag bei einem Empfang der Katholischen Akademie in München.
Hans Lamm und ich gehören dem Jahrgang 1913 an; er war Anfang Juni, ich Ende Juli geboren. In der frühen Kindheit war er daher der größere, im biblischen Alter gleicht sich das völlig aus.
Zum letzten Mal habe ich Hans Lamm am 6. Februar 1985 im Hause unseres gemeinsamen Jugendfreundes, des bekannten Presse-Fotografen Dr. Nachum Gidal, in Jerusalem getroffen. Lamm begleitete den deutschen Fernsehreporter und Schriftsteller Horst Siebecke bei der Erstellung eines Israel-Films. Lamm war bei diesem letzten seiner vielen Besuche in Jerusalem schon von schwerer Krankheit gezeichnet, und doch war er noch voll aktiv, kritisch, anregend, sarkastisch – wie eh und je.
Drei Tage nach seinem Tod, einen Tag nach der Beisetzung in München, erschien in den Israel-Nachrichten ein Artikel von ihm, anläßlich des 30. Tages nach dem Tode von Marc Chagall, in welchem sich der Satz findet: »Ich werde seiner so lange liebend gedenken, wie es mir das Schicksal erlaubt.« Es sei mir gestattet, diesen Satz auf seinen Schreiber anzuwenden. Freilich lag über dieser Formulierung bereits die Ahnung einer sehr bemessenen Frist, das ist in unserem Alter realistisch und angemessen.
Unsere Lebenswege verliefen verschieden, aber sie kreuzten sich

immer wieder. Er stammte aus einem jüdisch-orthodoxen Hause der Ohel-Jaakob-Gemeinde, ich aber aus einem völlig assimilierten Milieu. Im Hause Lamm erlebte ich meinen ersten Seder-Abend, und es war mir eine besondere Freude, daß der dort erstmals gehörte Ruf »Das kommende Jahr in Jerusalem« sich erfüllte (wenn auch Jahrzehnte später), als Hans Lamm an einem Seder-Abend in meinem Hause in Jerusalem teilnahm.
Ihn führte der Weg nach Amerika, ich folgte dem Kompaß meines Herzens nach Jerusalem.
Er kehrte nach dem Zweiten Weltkrieg nach München zurück, wo er als Ressortleiter an der Volkshochschule tätig war und fünfzehn Jahre, bis zu seinem Tode, als Präsident der Israelitischen Kultusgemeinde fungierte.
Da ich oft nach München zu Besuch kam und er mehrmals im Jahre in Jerusalem weilte, sind wir einander immer und immer wieder begegnet, und anläßlich unseres gemeinsamen 70. Geburtstages hatten wir ein langes Radiogespräch im Bayerischen Rundfunk, wobei wir Erinnerungen an unsere Jugend an der Isar austauschten.
Von Jugend an zeichneten sich die beiden Wege ab. Während ich einem radikalen Zionismus verschrieben war, blieb Lamm, entsprechend seinem Naturell, in einer gleichsam neutralen Position, die er bis ans Ende durchhielt. Jerusalem war er besonders durch die Hebräische Universität verbunden, die ihn zu ihrem Honorary Fellow ernannte, da er als Vorstand der Freunde der Gesellschaft der Hebräischen Universität unserer Jerusalemer Alma Mater wichtige Dienste erwies. Auch eine Stipendienstiftung auf den Namen seiner verewigten Eltern geht auf ihn zurück.
Lamm war der geborene Repräsentant, und dies schon in jungen Jahren. Er stand nicht nur an der Spitze der Kultusgemeinde und des Vereins der Freunde der Hebräischen Universität, er war jahrelang jüdischer Vorsitzender der Gesellschaft für christlich-jüdische Zusammenarbeit in München und gehörte dem Koordinierungsrat dieser Gesellschaften an, er vertrat die jüdische Bevölkerung im Bayerischen Rundfunkrat, wo er oft

sehr kritisch sein konnte, und er war auch in der Deutsch-Israelischen Gesellschaft an führender Stelle tätig.
Ich habe sicher viele seiner Ehrenämter vergessen.
Es war erstaunlich, wie er all diesen Anforderungen entsprechen konnte und zugleich eine umfangreiche journalistisch-publizistische Tätigkeit ausübte, neben seinem Amt an der Volkshochschule und nach seiner Emeritierung. Als Vortragender reiste er ständig durch die Bundesrepublik, nahm an internationalen Tagungen teil und fuhr noch privat in ferne Länder wie Indien. Er stellte die ganz einmalige Mischung von Repräsentant und Bohemien dar.
Er hat eine Reihe von Büchern veröffentlicht, von welchen ich nur seine Studie *Ewiger Zeitgenosse Heine* sowie *Karl Marx und das Judentum* und die zeitgeschichtlich bedeutsame Dokumentation über den ersten Präsidenten der Bundesrepublik *Theodor Heuss an und über Juden* nennen möchte.
Vor allem aber hat sich Hans Lamm durch die Herausgabe seines Standardwerkes *Von Juden in München* ein bleibendes Denkmal gesetzt. Das Buch erschien zuerst 1958 in dem von ihm gegründeten Ner-Tamid-Verlag und wurde 1982 in zweiter Auflage unter dem Titel *Vergangene Tage. Jüdische Kultur in München* im Verlag Langen Müller (München) veröffentlicht.
Wir erinnerten daran, daß Hans Lamm nach dem Ende des Zweiten Weltkrieges nach Deutschland zurückkehrte, und zwar im Rahmen der amerikanischen Streitkräfte. Er war als Re-education Officer tätig, nahm an den Nürnberger Kriegsverbrecherprozessen als Übersetzer von Göring teil. An der Wiederherstellung des jüdischen Lebens in Deutschland beteiligte er sich in Düsseldorf als Kulturdezernent des »Zentralrates der Juden in Deutschland«, bevor es ihn doch wieder an die Isar zurückzog.
Bei Professor Hans Joachim Schoeps in Erlangen schloß er 1951 seine Studien mit einer Dissertation *Über die innere und äußere Entwicklung des deutschen Judentums im Dritten Reich* ab, so daß seine akademischen Bemühungen mit seiner innerjüdischen Aktivität in Einklang standen. Auch in Amerika war er

in jüdischen Organisationen wie dem American Zionist Emergency Council unter Leitung von Rabbi Abba Hillel Silver tätig. Seine gründliche jüdische Bildung hatte er nicht zuletzt seinem Studienjahr an der Hochschule für die Wissenschaft des Judentums in Berlin zu verdanken, wo er noch zu den Hörern von Leo Baeck zählte.

Es fehlte Hans Lamm nicht an Anerkennung. Der J.-E.-Drechsel-Preis wurde ihm »für seine umfangreiche und unermüdliche Tätigkeit im Dienste des christlich-jüdischen Kennenlernens« verliehen, ebenso der Bayerische Verdienstorden und viele andere Auszeichnungen.

Ein reiches, ein erfülltes Leben ist zu Ende gegangen. Hans Lamm war ein bewußter Jude und nicht minder bewußter Weltbürger, und doch waren die Wurzeln seiner Existenz tief eingesenkt in den Boden seiner Geburtsstadt München. Ich muß an zwei Zeilen aus der Ballade *Archibald Douglas* von Fontane denken:

»Der ist in tiefster Seele treu,
Der die Heimat so liebt wie Du...«

Quellenverzeichnis

Theodor Herzl
Mythos und Wirklichkeit. Theodor Herzl: zum 75. Todestag am 20. Thamus 5739/15. Juli 1979,
in: Jedioth Chadashoth (Neueste Nachrichten), 1979

Vladimir Seev Jabotinsky
Erinnerungen an Jabotinsky,
in: Jedioth Chadashoth, 1980

Stefan George
George und die Nachfolge,
Auszug aus einem unveröffentlichten Manuskript, 1939

Thomas Mann
Thomas Mann. Gedenkworte,
in: Hakidmah (Der Fortschritt), 1955

Ernst Wiechert
Ernst Wiechert. Zum 100. Geburtstag am 15. Mai 1987,
in: Hakidmah, 1987

Martin Buber
Martin Buber und die Nachfolge
in: Tribüne, 29. Jg., H. 114 (1990, S. 147–151); Chadshoth Israel (Israel Nachrichten), 15. 6. 1990

Franz Rosenzweig
Franz Rosenzweig als Erzieher,
in: SBC, Das Judentum im Ringen der Gegenwart,
Hamburg 1965, S. 93–102

Richard Beer-Hofmann
Richard Beer-Hofmann. Zu seinem 100. Geburtstag,
in: Jedioth Chadashoth, 1966

Arnold Zweig
Einmal ein Zionist, immer ein Zionist.
Arnold Zweig zum 100. Geburtstag

am 10. November 1987,
in: Süddeutsche Zeitung, 11. 10. 1987

Josef Kastein
Josef Kastein, der Historiker der jüdischen Seele.
Zum 30. Todestag am 13. Juni 1976,
in: Jedioth Chadashoth, 1976

Lion Feuchtwanger
Lion Feuchtwanger. Zum 100. Geburtstag des Dichters am 7. Juli 1984,
in: Die Welt, 17. 5. 1984, Israelitisches Wochenblatt, 22. 5. 1984, Mitteilungsblatt (Irgun Olej Merkas Europa), 22. 5. 1984

Klaus Mann
Erinnerungen an Klaus Mann. Zum 80. Geburtstag am 18. November 1986,
in: Süddeutsche Zeitung, 14. 8. 1986, Chadshoth Israel, 2. 11. 1986

Else Lasker-Schüler
Else Lasker-Schüler zum 100. Geburtstag am 11. Februar 1969,
in: Jedioth Chadashoth, 7. 2. 1969

Franz Werfel
Franz Werfel – Grenzgänger zwischen Judentum und Christentum
in: Tribüne, Jg. 29, H. 115 (1990, S. 180–185); Chadshoth Israel, 7. 9. 1990

Joseph Roth
Joseph Roth
in: Jüdische Weltrundschau, 9. 6. 1939

Oskar Goldberg
Mythos und Realität – in Memoriam Oskar Goldberg,
in: SBC, Das Judentum im Ringen der Gegenwart, S. 103–108

Alfred Mombert
Der Mythenbildner Alfred Mombert. Zu seinem 65. Geburtstag,
in: Jüdische Rundschau, 9. 2. 1937

David Frankfurter
Erinnerungen an David Frankfurter,
in: Chadshoth Israel, 1982

Hermann Maas
Ein Gerechter der Völker,
in: Jedioth Chadashoth, 8. 10. 1970

Horst Schade
Boxer und Poet. In Memoriam Horst Schade,
in: Chadshoth Israel, 1982

Max Brod
Mein Freund Max Brod
in: Süddeutsche Zeitung, 26./27. 5. 1984

Felix Weltsch
Vor dem Gesetz,
in: Chadshoth Israel, 4. 12. 1984

Frederik P. Bargebuhr
Frederik P. Bargebuhr: Zeichen einer Freundschaft,
in: Frederik Perez Bargebuhr zum Gedächtnis,
hrsg. von Marie-Luise Schütt, Birkenau 1979, S. 15–17
(Privatdruck)

Sammy Gronemann
Sammy Gronemann
in: Hakidmah, 14. 3. 1952

Gabriel Stern
Gabriel Stern in Memoriam,
in: Chadshoth Israel, 1983

Hans Lamm
Mein Freund Hans Lamm
in: Tribüne Jg. 24, H. 95 (1985), S. 56–59; Chadshoth Israel, 28. 4. 1985